Zur Person

Friedrich Schorlemmer
Lothar de Maizière
Gregor Gysi
Ingrid Köppe
Christoph Hein
Hans Modrow

Sechs Porträts
in Frage und Antwort
von
GÜNTER GAUS

Verlag Volk und Welt
Berlin

ISBN 3-353-00766-0

2. Auflage
Ausgabe des Verlages Volk und Welt, Berlin 1990
für die Deutsche Demokratische Republik
L. N. 302
© 1990 Günter Gaus
Alle Rechte an dieser Ausgabe vorbehalten
Printed in the German Democratic Republic
Einbandentwurf: Hans-Joachim Petzak
Texterfassung: Berliner Verlag
Satzherstellung: DZB
Druck und Einband: Mühlhäuser Druckhaus
LSV 7302
Bestell-Nr. 649 252 2

Für Nora

Inhalt

Vorwort

In einem Brief vom 18. Dezember 1989 fragte mich Hans Bentzien, der neue Generalintendant des Fernsehens der DDR (das inzwischen wieder seinen ursprünglichen Namen trägt: Deutscher Fernsehfunk), ob ich willens sei, im Fernsehen des kleineren deutschen Staates, der mitten im Umbruch war, eine Reihe von Interviews »Zur Person« zu produzieren. Welche Frage. Natürlich wollte ich das tun – in diesen Zeitläuften und mit meiner Biographie. Vor der ersten Volkskammerwahl westlicher Art allwöchentlich einen Mann oder eine Frau zu befragen, die mit ihrem Leben und ihren Funktionen unmittelbar an der Vorgeschichte und der Gegenwart des Wandels der DDR beteiligt waren, das bot die Möglichkeit, eine zeitgeschichtliche Quelle zu erschließen. An ihr wollte ich auch deswegen nicht vorübergehen, weil meine Anteilnahme am real existierenden Leben in der DDR niemals mehr aufgehört hatte, seit ich von 1974 bis 1981 der erste Ständige Vertreter der Bundesrepublik in Ost-Berlin gewesen war. Ich nahm Bentziens Angebot also dankend an, nachdem –ohne Diskussion, ohne Wenn und Aber – verabredet war, daß ich mir meine Interviewpartner allein aussuchen würde. Gedruckt liegt das Ergebnis hier nun vor: sechs Interviews, jedes mindestens fünfundvierzig Minuten lang, die zwischen dem 13. Februar und dem 20. März 1990 im Fernsehen der DDR ausgestrahlt wurden.

Sozusagen in Klammern notiere ich, daß die absolute Freiheit in der Partnerwahl (für meine Interviews) eine merkwürdige Reaktion bei mir auslöste: Sobald die absolute Freiheit, die in der Regel, die so gut wie keine Ausnahmen kennt, nur ein abstrakter Gegenstand philosophischer

Erörterungen ist – sobald dieses Unmaß an Freiheit für mich im Falle der Interviewreihe konkret wurde, befielen mich Skrupel. Nach welchen Kategorien sollte ich auswählen? Ich mache von meiner Freiheit weiterhin Gebrauch und begründe also nicht, warum ich diese Zeitgenossen befragt habe und jene nicht. Nur soviel: leicht habe ich mir die Wahl nicht gemacht.

Für die Leser in der DDR, die die Normalität des pluralistischen Systems erst noch kennenlernen werden, füge ich hinzu: Normalerweise hat auch der westliche Journalist, der zu einem langen, gründlichen Interview zur besten Sendezeit in einem Massenmedium wie dem Fernsehen einlädt, solche Art Freiheit nicht; schon gar nicht in Wahlkampfzeiten. Da gibt es für die Partnerwahl stets direkt wie indirekt Mahnungen, Gebote, Forderungen, die aus der Anstaltshierarchie (Intendanzen, Direktorien, Chefredaktionen) und den ihr verbundenen Parteien vorgebracht werden; notfalls nachdrücklich. Den Rest besorgt gewöhnlich die Selbstzensur. Jedenfalls gehörte die mir eingeräumte Freiheit zu den schnell vorübergehenden Einmaligkeiten, von denen es seit Oktober 89 in der entschwindenden DDR manche gegeben hat. Unverhofftes, das an den Transit gebunden war, in dem sich das Land befand. Der pluralistische Alltag kennt derlei kaum.

Hans Bentzin hatte mit seiner Anfrage, ob ich im Deutschen Fernsehfunk Interviews machen wollte, gleich zwei wesentliche Abschnitte meines beruflichen Lebensweges berührt. Er hatte nicht nur auf mein Interesse an der DDR seit meinen Vertretertagen spekuliert, sondern auch daran angeknüpft, daß ich in den sechziger Jahren im Fernsehen der Bundesrepublik, zunächst im ZDF, dann in der ARD, Politiker (u. a. Adenauer und Wehner), Wissenschaftler (z. B. Edward Teller, den sogenannten Vater der Wasserstoffbombe), Künstler (Gustaf Gründgens), Aufbegehrende (Rudi Dutschke), Philosophen (Hannah Arendt) »zur Person« befragt hatte. Die Reihe war seinerzeit recht bekannt gewesen. Auf mich übte sie einen heilsamen Zwang aus: Gegen schlechte journalistische Gewohnheiten war ich genötigt, mich so gründlich auf die befragte Person und die von ihr vertretene Sache vorzubereiten, daß nach Möglichkeit nichts dem zufälligen Einfall überlassen blieb und der Spannungsbogen der Fragendramaturgie über die (im Fernsehen) lange Zeit von mindestens einer Dreiviertelstunde nicht abriß.

Die heute populären Talkshows gehorchen anderen (nicht besseren oder schlechteren) Gesetzen. Aus dem Vorwort eines Buchs mit früheren Interviews von mir zitiere ich: »(So) verbietet sich die Diskussion: Mein Partner soll nicht mit mir argumentieren, sondern von sich erzählen. Freilich nicht erzählen, was ihm von seinem öffentlichen Standort aus als legitime Eigenwerbung nützlich zu sein scheint, sondern – von meinen Fragen gesteuert – berichten über jene Partien seiner Biographie, in denen sein Lebenslauf ein Beispiel ist, wenn es darauf ankommt: ein Beispiel im Guten wie im Bösen. Das beabsichtigte Porträt bliebe allerdings unvollendet, wenn es nicht eine Fülle von Sachbezügen zur jeweiligen Ideenwelt hätte, der der Porträtierte verbunden ist.«

Meine Rolle in diesen Fernsehgesprächen ist damit festgelegt. Sie ist, wie ich es verstehe, die eines Katalysators, der dem Partner das Reagieren nicht anheimstellt, sondern ihn zur Reaktion in den wesentlichen Punkten zwingt. Dem entspricht die äußere Form der Interviews: nur meinen Partner während der ganzen Befragung im Bild zu zeigen, seine Reaktionen von der Kamera verfolgen zu lassen, von mir jedoch nur den Hinterkopf zu präsentieren. Die Interviews wurden, damals wie heute, unter Live-Bedingungen produziert: Sie wurden nicht eine beliebige, ausgedehnte Zeit lang geführt und aufgezeichnet, um dann durch Kürzungen und Umstellungen dramaturgisch zugespitzt und auf die Länge der Sendung zugeschnitten zu werden, sondern gesendet wurde, was, ohne Probelauf, im ersten Durchgang gefragt und geantwortet worden war: unverändert.

Vor vier Jahren hatte ich einem damals hohen Funktionär der SED vorgeschlagen, man solle mich im Fernsehen der DDR Interviews meiner Art, wie sie aus der westdeutschen Reihe in den Sechzigern bekannt war, machen lassen: als einen Einstieg in notwendige Glasnost. Es war ein boshafter Vorschlag, denn ich habe seinerzeit nicht damit gerechnet, daß das Regime sich darauf einlassen würde. Aber von Natur aus frage ich gern und bin ich neugierig auf Antworten. Also stellte ich meine Frage und dachte mir meinen Teil bei dem, was der Mann mir antwortete.

Für die schließlich doch, im Frühjahr 90, zustande gekommenen Interviews hat der westdeutsche Filmemacher, Schriftsteller und ungebundene Medienpolitiker Alexander Kluge eine Vereinbarung mit dem Fernsehen der DDR abgeschlossen, gemäß der die Sendungen »Zur Person«, leicht gekürzt, auch in bundesrepublikanischen Programmen zu sehen waren. Meine Zusammenarbeit mit dem Deutschen Fernsehfunk in Adlershof in Ost-Berlin war von angenehmer Professionalität bestimmt. Ich danke vor allem Bernhard Büchel, dem Intendanten des 2. Programms, und Harald Becker, der die Bildregie führte.

Im März 1990   Günter Gaus

Friedrich Schorlemmer

Gespräch vom 13. Februar 1990

Friedrich Schorlemmer, Jahrgang 1944. Pfarrerskind. Selber Pastor. Dozent in der Lutherstadt Wittenberg. Wortführer der Opposition in der DDR. Wie sieht er die DDR-Opposition heute, wie sieht er sich selber? Was ist sein Menschenbild? Was erwartet er? Herr Schorlemmer, haben Sie im Blick auf die Entwicklung in der DDR seit der Wende im vergangenen Herbst mehr neue Hoffnungen gewonnen oder mehr alte Hoffnungen aus der Oppositionszeit verloren?

Ich denke, die Frage ist einfach. Mehr alte Hoffnungen verloren, aber es ist auch nicht hoffnungslos.

Welche Hoffnungen haben Sie verloren?

Die Hoffnung verloren, daß wir in diesem Lande jetzt noch genügend Selbstbewußtsein haben, um uns als ein eigenständiges Subjekt in ein geeintes Deutschland einzubringen und dabei auch etwas für die Bundesrepublik Gewinnendes einzubringen. Ich halte es noch nicht für verloren, aber die Hoffnung ist geringer geworden.

Schmerzt Sie das?

Sehr. Ich habe von Theo Sommer einen Artikel gelesen, und da finde ich eine richtige Beobachtung drin. Er sagt: »Wenn es uns doch gelänge, bei der Selbstbestimmung jetzt auch zu einer Selbstbesinnung zu kommen, die zusammenhängen müßte für uns Deutsche mit einer bestimmten Selbstbescheidung in Europa« und fügt dann hinzu – das finde ich sehr wichtig –, »und dabei die ökologische Vernunft walten lassen.« Ich möchte hinzufügen: und ein wirklich soziales Gewissen zu entwickeln.

Vielleicht mehr Theologie als Politik...

Na, ich denke, daß das Handeln – sozusagen – einen Rahmen braucht; das sind so die Zielrichtungen, und da müssen die kompetenten Leute sagen, wie füllen wir das aus. Aber zunächst, denke ich, müssen wir über unsere Ziele uns auch gewisser werden. Und, denke ich, genauer sagen, was wir wollen, und nicht mit bestimmten Kürzeln, die auf Zukunft hin nicht tragen werden, leben.

Ich zitiere jetzt zweimal Friedrich Schorlemmer. Auf der Kundgebung am 4. November 1989 in Ostberlin haben Sie gesagt: Es dürften keine neuen Gräben im Land aufgerissen werden, keine neue Intoleranz dürfe an die Stelle der alten treten. Ich zitiere Sie wörtlich: »Seien wir tolerant und gerecht – auch gegenüber einer sich wandelnden SED. Ich meine, wir wollen und wir können unser Land jetzt nicht ohne die SED aufbauen, aber sie muß nicht führen.« – Ende des Zitats. Dieser Tage hingegen – im Februar 1990 – sagen Sie: Die Chance, den Wandel in Ihrem Sinne fortzuführen, sei noch nicht verloren. Wörtlich: »Das geht aber nur, wenn man die Emotionen der Leute bejaht und aufnimmt, wenn man klar sagt: Nicht mit der SED.« Nun meine Frage, Herr Schorlemmer: Der Unterschied zwischen dem Schorlemmer vom November 89 und dem von heute. Beruht der auf einer neuen Einsicht oder auf einer zwangsläufigen Anpassung?

Weder – noch. Ich glaube, ich habe mich in beidem nicht ganz präzise ausgedrückt. Wenn ich sagte: SED, dann meinte ich nicht die zentralistisch-stalinistische SED als Institution, sondern ich meinte immer die Menschen in der SED. Und die möchte ich nicht alle über einen Kamm scheren. So wie ich als ein Mann der Kirche auch nicht will, daß alle Christen oder alle Mitglieder der Kirche über einen Kamm geschoren werden. Ich könnte da was aufzählen. Und ich möchte gern, daß auch die Menschen in der SED eine Chance haben, sich zu ändern. Wie wir alle, wie wir alle. Und in diesem Sinne gilt das immer noch. Keine neuen Gräben aufreißen, aber ich sehe auch, daß im Volk eine solche Wut da ist, daß es uns sehr schwerfällt, mit Leuten aus der ehemaligen SED zusammenzuarbeiten.

Also, die Wut ist verständlich. Steckt in dem, was man auch an der Wut verstehen kann, auch drin, daß die Menschen mit der Wut ein bißchen ihr Mitläufertum zudecken?

Ganz gewiß. Ich finde es noch ein bißchen schlimmer... *Sagen Sie es!* Man sucht einen Sündenbock. Und findet ihn in allen Leuten, die da mitgemacht haben, unterscheidet nicht mehr zwischen denen, die sich wirklich schuldig gemacht haben, und denen, die sich auch in der SED wundgerieben haben an dieser SED, weil sie aufrechte Sozialisten waren. Und die kannte ich schon früher und sehe sie jetzt auch wieder. Und wenn jetzt viele versuchen, das alles auf die SED zu schieben, dann, denke ich, ist das auch eine Projektion, also eine Verlagerung eigentlich, eines Selbsthasses auf andere. Ich denke, dafür brauchten wir eigentlich Zeit, das mal genauer zu überlegen, was da mit uns passiert. Ist denn irgend jemand nicht mitschuldig geworden? muß ich fragen.

Ich komme auf diesen Punkt noch, ich habe ihn hier nur schon berührt wegen Ihres Verständnisses für die Wut und habe also gefragt, ob diese Wut auch etwas ist, was Mitläuferschuldgefühle zudecken soll. Darüber haben wir nun gesprochen. Aber nun frage ich Sie – wieder in dem Zusammenhang: Menschen wie Sie, so geartet wie Sie, sind – nachweislich Ihrer Oppositionsrolle – artikulationsfähig – müssen die, dürfen die Verständnis für die Wut, für die Emotion so weit treiben, daß sie sie in ihr Kalkül einbauen, oder müssen sie dagegen sprechen?

Ich muß dagegen sprechen... *Was Sie eben nicht getan haben. Sondern Sie haben eben nur vom Verständnis gesprochen...* Ja, ich muß dagegen sprechen und kann mich hier auch keiner parteipolitischen Liaison unterwerfen, weil es um Menschen geht, die wir brauchen, die wir schlicht brauchen. Ich habe das Gefühl – das haben viele in dem Land –, mit den Alten wollen wir nicht mehr und die Neuen können's nicht allein. Und das muß man aber bewußtmachen. Was machen wir denn nun? Wollen wir im Vakuum bleiben? Wollen wir uns zuviel zutrauen, sagen: wir machen das jetzt ganz allein!? Ich denke, wir brauchen so eine Koalition der Vernunft, der Vernünftigen in unserem Land. Und ich sehe eigentlich noch genug Leute. Wir müssen das nur miteinander besprechbar halten. Hoffentlich geht das noch.

Die Lage in der DDR ist dramatisch anormal. Hysterisch fast. Ja, sie spitzt sich täglich weiter zu. Aber das Verhalten von Politikern und Parteien – alten wie neuen – ist schon ziemlich weit an eine pluralistische Normalität herangekommen. In der Art, wie man miteinander umgeht, wie man – weil Wahlkampf ist, liegt es nahe – das Allgemeine über dem jeweils Besonderen vergißt. Hätten Sie sich das träumen lassen?

Ich bin davon sehr überrascht worden, daß das so ist. Und daß sich auch Freunde, frühere Freunde, darauf einlassen und man dann Reaktion und Gegenreaktion kaum noch auseinanderhalten kann. Ist schon bitter. Und das zweite. Daß die bundesdeutschen Parteien uns dabei auch noch Nachhilfe geben, daß wir bald so werden wie sie. Ich denke, die Hauptaufgabe besteht heute nicht darin, die Macht zu erringen, sondern miteinander zu überlegen, wie wir die Last der Verantwortung in diesem Lande tragen können im Interesse der Menschen, die auch – ja von Angst gerüttelt sind.

Wir gehen zeitlich um gut zehn Jahre zurück. Damals haben Sie in Wittenberg sozusagen – wie ich das gern formuliere – im Seitenschiff der evangelischen Kirche eine Oppositionsgruppe mit friedens- und umweltpolitischen Aktivitäten gegründet. Im Rückblick betrachtet: Was hat Sie zum Opponieren veranlaßt? Schon damals der Zweifel am herrschenden System oder mehr das Bedürfnis, mehr zu tun als das Übliche, mehr als das, was staatlich und in der Gesellschaft mehrheitlich nur ein Lippenbekenntnis war?

Es waren sicher viele Gründe, die mich und andere dazu veranlaßt haben. Ein gewichtiger Grund ist die Erfahrung von 1968 in Prag. Also das persönliche Erlebnis, daß Menschen freiwillig und fröhlich und politisch bewußt einen demokratischen Sozialismus aufbauen wollten. Und ich sah, wie dies auch mit deutscher Hilfe niedergewalzt wurde. Und daran, an diesem Traum habe ich festgehalten all die Jahre und will das auch noch weiter tun. Auch wenn ich dann vielleicht beschimpft werde. Aber ich will und brauche mich, glaube ich, an dieser Stelle nicht zu ändern, verstehe aber andererseits heute, daß viele Menschen sagen: Laßt uns ja in Ruhe mit einem neuen Sozialismusexperiment. Damit will ich sie auch in Ruhe lassen. Aber nicht aufgeben, sagen: Experimente machen oder Erfindungen einer wirklich sozial gerechten Gesellschaft, in der jeder einzelne sich auch wirklich entfalten kann. Das würde ich zum Beispiel mit dem Begriff Sozialismus verbinden, obwohl ich genau sehe, daß dies Wort gegenwärtig kaum noch nutzbar ist. Und ich denke, wir müssen auch darauf verzichten. Ich wollte noch eine zweite Antwort geben. Das zweite war: Die DDR hat immer – oder jedenfalls in den letzten zehn Jahren – eine nach außen gerichtete Friedenspolitik betrieben, und dafür hat sich auch der jetzt so gehaßte Staatsratsvorsitzende eingesetzt. Aber nicht gleichzeitig eine nach innen friedensfähige Gesellschaft aufgebaut. Und dafür habe ich mich sehr eingesetzt mit anderen zusammen.

Ist im Sozialismus als Idee Gerechtigkeit für Sie die zentrale Sache?

Ja. Wenn ich Gerechtigkeit mit den Menschenrechten verbinde – und zwar untrennbar. Und dazu gehören auch die demokratischen Freiheiten. Also, man kann es auch zugespitzt sagen: Entweder Sozialismus und Demokratie, oder es wird kein Sozialismus sein. Das ist nicht von mir, der Satz, aber der leuchtet mir sehr ein.

Demokratie ohne Sozialismus geht. Sozialismus ohne Demokratie geht nicht, haben Sie gesagt. Das habe ich umgekehrt, weil ich es einfach fragen will: Demokratie ohne Sozialismus geht...

Also, Demokratie ohne ein soziales Gewissen ist auch keine Demokratie, weil sie – denke ich – Menschen draußen läßt, und ich denke, daß zu einer Gesellschaft immer

17

gehört – wenn sie eine wirklich menschliche Gesellschaft ist –, daß sie sich um ihre Randgruppen oder um die kümmert, die rausfallen. Und das denke ich als Theologe und als Christ so, und das denke ich so als einer, der sich in die Politik einmischt.

Sie haben einmal berichtet, daß Sie schon mit 14 Jahren die Aufmerksamkeit des Staatssicherheitsdienstes erregt hatten. Wie kam das?

Wie kam das? Das hatte so was – man könnte heute sagen – mit Sippenhaft zu tun. Mein Vater ist Pfarrer. Und man hielt mich schon sehr früh für gefährlich; einfach weil ich mich sehr früh auch politisieren mußte, habe ich also auch schon als 14jähriger was gesagt, was nicht dazugehörte. *Sie sind 44 geboren, das war also dann 1958...* Und man hat mir schon mit 14 Jahren jemand – im wörtlichen Sinne – ins Bett gelegt, an die Seite gelegt, einen älteren Schüler... an der Oberschule, im Internat, ja. *Ein 17jähriger, älter als Sie. Der hat gesagt: Ich bin für Dich da.* Ich bin für Dich zuständig. *Aber er hat das gesagt?* Er hat das gesagt, weil er große Wut hatte, weil er nämlich, um das mal kurz zu erzählen: Er mußte aus einem Zweierzimmer in ein Fünferzimmer, kriegte den FDJ-Auftrag, mich zu bewachen. Ich konnte gar nicht anders, als in politischen Zusammenhängen immer aktiv werden. Ich war immer Angefragter.

Was haben Sie empfunden, als dieser Zimmergenosse Ihnen sagte: Also, daß Du es nur weißt, ich werde ein Auge auf Dich werfen!

Ich muß Ihnen sagen, ein bißchen Verachtung. Gleichzeitig ein bißchen Mitgefühl, daß ein System so etwas nötig hat.

Was hat Sie abgehalten, einen leichteren Weg zu gehen, als Sie es getan haben? Sie haben auch den Wehrdienst verweigert. War es der Einfluß des Elternhauses. Sie sind – ich wiederhole es – 1944 in der Altmark, also in der Gegend zwischen Salzwedel und Stendal, als Pfarrerskind geboren, als ältestes von sieben Geschwistern. War es also das Elternhaus, war es eine frühe christlich bestimmte Gesinnungsethik, ein allgemeiner Widerspruchsgeist, eine Mischung aus diesem und anderem. Was hat Sie abgehalten, den leichteren Weg zu gehen?

Ich weiß nicht, ob man das von sich selber sagen kann. Ich glaube, daß ich durch meinen Vater und andere Menschen, die ich kennengelernt habe, ein Gefühl bekommen habe für Würde oder was man so »aufrechten Gang« nennt, und ich wollte auch gern vor mir selber bestehen können. Das ist es. Und das zweite: Ich hatte zunächst gar keine Chance hier in diesem Land auf eine Schulbildung. Aber dann hat meine Mutter gesagt, als ich dann weggehen wollte, hat meine Mutter gesagt: Entweder keiner oder alle. Wir zerreißen die Familie nicht. Na, daran habe ich mich auch gehalten. Und dann, muß ich sagen, waren es in all den Jahren immer Menschen, an die ich mich gebunden gefühlt habe, die mir wichtig waren und denen ich vielleicht auch ein bißchen wichtig war.

Nehmen Sie es Menschen übel, wenn sie sich lieber ducken, wenn sie lieber mit der jeweiligen Mehrheit laufen?

Ja, ich kann da auch ungerecht sein. Weil ich für mich auch nicht in Anspruch nehme, ein besonders mutiger Mensch zu sein und es für mich auch einen ziemlichen Kraftaufwand bedeutet, zu widersprechen, wo zu widersprechen ist. Also, ich erinnere mich auch, wenn ich in der Schule war, in der Elternversammlung, und was sagte. Und alles schwieg so, daß mir die Schlagader auch hier spürbar war. Ich hatte auch immer einen trockenen Mund, ich hatte auch immer Angst und bin deswegen auch oft enttäuscht gewesen, daß andere nicht mitgeredet haben, sondern sehr tapfer geschwiegen haben. Und dieselben reißen jetzt – darf ich das mal so sagen – so das Maul auf, daß mir auch nicht gut ist.

Wir kommen auf dieses Thema noch zurück. Ich bleibe zunächst bei Friedrich Schorlemmers persönlicher Entwicklung. Für den jungen Menschen, für den Theologiestudenten mit einem Studium und mit einem familiären Hintergrund – Sie haben es schon erwähnt –, der in der DDR, gelinde gesagt, Schwierigkeiten, Erschwernisse in

der Gesellschaft mit sich brachte, gab es dennoch etwas, was ihn an
seinem deutschen Staat, an der DDR anzog, worin er mit ihm ein-
verstanden war...

Ja, es hat immer auch Teilidentifikationen gegeben in diesem Land. Aber es war in vielen Fällen konsequenter, als es hätte sein müssen, an anderen Stellen nicht konsequent. Also zum Beispiel Thema Antifaschismus in diesem Land. Daß man hier doch sehr konsequent war. Aber auch wieder inkonsequent. Nämlich, daß man die Strukturen des Stalinismus, die man hier mit übernommen hat, nicht auch genauso analysiert hat oder nicht analysieren konnte und daß man auch uns in diesem Land nicht wirklich half, den Menschen hier, die Mitschuld am Faschismus aufzuarbeiten. Das haben andere uns dann vorgemacht. Also, ich denke, Christa Wolfs Buch »Kindheitsmuster« ist nach wie vor ein ganz wichtiges Buch, das mir auch geholfen hat bei einer Identifizierung, wie die Schriftsteller hier überhaupt. Auch der Versuch, denke ich, wirklich Volksbildung zu erreichen. Auch dieser Versuch war – na gelinde gesagt – inkonsequent. Er war auch in Grundansätzen falsch, aber diesem Volk, dem ganzen Volk die Möglichkeit zur Bildung zu geben und das ohne Klassenschranken, ist doch auch etwas, was wir bewahren könnten. Oder, ich denke, daß in diesem Land Menschen, mehr Menschen – denke ich – als in der Bundesrepublik, so etwas haben wie ein soziales Gewissen, das wir hier entwickelt haben in diesem Land. Daß es doch bewahrenswert ist. Nur merke ich jetzt, in diesen Tagen ist es sehr schwer geworden, sehr schwer geworden, in Ruhe zu überlegen, was wollen wir endgültig loswerden hier und was gilt es zu bewahren. Ich wünschte mir eigentlich, daß wir nicht nur massenhaft auf die Straße gehen, sondern daß das Volk auch massenhaft in die Säle geht und das miteinander berät und da zu einem wirklich demokratischen Konsens kommt und daß wir uns nicht gegenseitig in diesem Land Angst machen.

Welche Vorstellungen hatten Sie, als Sie aufwuchsen, Pastor wurden, Dozent am Predigerseminar in der Lutherstadt Wittenberg, ein früher Wortführer der Opposition gegen das Regime der SED, welche Vorstellungen hatten Sie von der Bundesrepublik Deutschland, von dem anderen deutschen Staat?

Ich habe es 82 das erstemal gesehen. Den Schock, den viele am 9. November erst hatten, den habe ich damals schon gehabt. Daß nämlich die Bundesrepublik wirklich genauso aussieht, wie man sie im Fernsehen gesehen hatte. Das war ein Schock. Zweitens habe ich gespürt – das wird wohl heute auch noch so sein –, daß wir DDR-Bürger immer in die Bundesrepublik gesehen haben. Ich glaube, fast jeder DDR-Bürger wußte, wie die Minister in der Bundesrepublik heißen. Wir haben immer mitgewählt, weil wir nicht wählen konnten. Wir haben, denke ich, in einem viel größeren Ausmaß politische Sendungen gesehen aus der Bundesrepublik, und dennoch war es, denke ich, nur ein Fernsehbild, das dem Bild, das unsere Zeitungen von der Bundesrepublik machten, immer widersprach. Und ich bin an einer Stelle desillusioniert worden. Ich habe 82 zu spüren bekommen, daß die Bundesrepublik sich selbst genug ist. Ein schönes, reiches Land. Sie sagten ja auch Deutschland... *Ich habe gesagt Bundesrepublik Deutschland...* S i e , ja. S i e , ja. Sie sagten immer Deutschland. Das hängt jetzt mit dieser Ausreisewelle ein bißchen zusammen. Wir wollten auch Deutsche sein, wir waren von Euch – bis auf Sonntagsreden – längst vergessen. Und jetzt habe ich so den Eindruck, jetzt müßt Ihr die Zeche zahlen.

Sie waren nicht von allen vergessen. Von manchen nicht nur sonntags in Erinnerung.

Ja, aber wissen Sie, ich hatte gedacht, daß alle, die uns besuchten in der DDR oder die so ein Herz für unser Land hatten wie Sie, daß das die Bundesdeutschen wären. Das war die Täuschung. *Das habe ich nie gedacht, Herr Schorlemmer. Das habe ich nie gedacht.* Das war nur meine Täuschung, wissen Sie, das war meine Täuschung. Und ich glaube, wenn es jetzt, beim Anschluß, wirklich zu sozialen Lasten auch für die Bundesrepublik käme – ich weiß nicht, ob wir wirklich willkommen sind.

Sind Sie ganz frei von Schadenfreude in dem Zusammenhang?
Ja.

Müssen Sie das sagen als Pfarrer, oder sind Sie wirklich ganz frei von Schadenfreude?

Ich bin frei von Schadenfreude, weil die Probleme einfach viel zu groß sind für uns alle. Also Schadenfreude – das kommt zwischendurch mal auf, aber gleich wird sie auch wirklich von einem verantwortlichen Degen zensiert.

Wie weit, wie sehr haben Sie sich Ihr Leben lang agitatorisch manipuliert gefühlt?

Ich habe mich eigentlich nie manipuliert gefühlt. Ich habe mich, denke ich von mir, eigentlich nie manipulieren lassen. Das hing auch damit zusammen, daß ich andere Informationsquellen hatte, die mich davor bewahrten... Freunde, die mich auch versorgt haben mit dem, was ich wirklich für nötig hielt.

Was muß man tun, um sich Manipulation zu entziehen?

Ich denke, man muß gut informiert sein. Man braucht kritische Freunde. Und auch die Kritik für sich selbst, Kritikfähigkeit für sich selbst dabei. Und, denke ich, so ein paar Fragen dabei. Warum sagt der das, der andere? In wessen Interesse redet er? Was sagt er und was will er? Welches ökonomische Interesse, welches Machtinteresse steckt bei dem oder jenem dahinter. Und da habe ich, denke ich, von den Marxisten auch eine Menge gelernt. Ich denke, daß das analytische Besteck des Marxismus in vielem weiter hilfreich bleibt, wenn man es nicht zur Ideologie macht.

Denken Sie, daß das pluralistische System die Menschen auch manipuliert, aber nur geschickter, angenehmer, unauffälliger?

Sehr viel geschickter. Und wir sind, denke ich, gegenwärtig – und nicht nur wir, sondern die Menschen in der dritten Welt ja genauso – ein bevorzugtes... *Aber die, die im pluralistischen System leben, auch, wenn es so ist, wie Sie sagen...*

Aber wir sind dem vielleicht noch mehr ausgeliefert. Wir sind... durchschauen das nicht so schnell. Wie jetzt, denke ich, manche Menschen nicht durchschauen, was passiert, wenn wir zur Schnellvereinigung kommen. Sie halten es für Angstmache der PDS, die sagt, daß es große soziale Erschütterungen gibt. Also wer hier einen kühlen Kopf bewahrt, weiß, daß es zu großen sozialen Erschütterungen kommt. Ich bin auch nicht für Angstmache, aber wir sollten, wenn wir jetzt selbst bestimmen, auch wissen, worüber wir bestimmen und was dann wird und w e r die Probleme w i e in w e s s e n Interesse lösen wird. Und wir sind gegenwärtig ein bißchen – ich weiß nicht, ob manipuliert oder nicht, aber wir sind wohl in der Mehrheit gegenwärtig in einem Rausch, im Vereinigungsrausch. Und gleichzeitig in großer Unsicherheit und großen Ängsten.

Ist das so, daß wir alle derzeit – jetzt in keinem jenseitigen Sinne, nichts Jenseitiges ins Spiel gebracht, sondern ganz diesseits gefragt –, daß wir alle derzeit – auch Gorbatschow, auch Kohl, selbst Maggie Thatcher – wir alle Objekt sind und niemand mehr Subjekt.

Ja, aber wer oder was treibt uns jetzt?

Also die Bundesbürger sagen: der Mantel der Geschichte peitscht uns vor.

Und die Geschichte macht Sprünge, Bocksprünge, würde ich sagen. Ich habe das mal im September so ausgedrückt: Wir trudeln in einen gesellschaftlichen Notstand. Das trudelt so runter, wir wissen es nicht, wohin es gehen wird. Aber, selbst wenn Sie recht haben, Herr Gaus, daß das so ist, denke ich, ist es nötig, daß wir dieser Geschichte in die Speichen greifen und versuchen zu sehen, daß es nicht trudelt, sondern dieser Geschichte gemeinsam eine Richtung geben, und dazu ist z. B. das Gespräch mit den Personen, die Sie benannt haben, jetzt schon wichtig. Ich halte es für sehr wichtig, daß jetzt auch internationale Konferenzen sehr bald passieren, damit alles, was passiert, wirklich in gemeinsamem Interesse passiert und wir nicht nachher vor dem Scherbenhaufen stehen und sagen: Ja, damals, hätten wir nur ... Und daß sich hoffentlich nicht auch schlimme deutsche Geschichte oder Geschichte der Europäer mit uns Deutschen in dieser oder jener Weise wiederholt. Auch hier keine Ängste, sondern historische und – denke ich auch – sozialpsychologische und politische Sorgsamkeit ist da nötig.

Daß Sie so wenig Angst haben – hat das mit Ihrem Christentum zu tun?

Ich denke, ja. Ja.

Anders als die polnische Solidarnośź ist die Opposition in der DDR viele Jahre ohne eine Massenbasis in der Bevölkerung gewesen. Wer unzufrieden war, wem es unerträglich wurde, mußte nicht unbedingt Veränderungen im Land anstreben, sondern stellte einen Ausreiseantrag, was Schikanen bis zur Ausreise bedeutete, aber eben auch Trennung von der Opposition. Was hat nach Ihrer Einschätzung, Herr Schorlemmer, im vergangenen Jahr dann bewirkt, daß der Opposition binnen kurzem eine Massenbasis zuwuchs? Der Eindruck, den die Massenflucht über Ungarn machte?

Der hatte sicher einen großen Einfluß. Ich weiß nicht, ob Sie sich in der Bundesrepublik vorstellen, mit wieviel Leid das auch verbunden war. Wieviel Verlassenheitsgefühle von Freunden und Kollegen, aber auch von alten Eltern, deren Kinder weggingen. Ich denke, das ist ein ganz tiefes Symbol, wenn einem Volk die Jugend wegläuft und man dann im Fernsehen sieht, wie sie drüben sind, vor Freude jauchzen. Aber ich habe kein Fernsehbild gesehen über die Tränen, die hier geweint wurden. Und wenn man drüben sagt, es ist vorübergehend schlimm, aber das bessert erstens unsere Alterspyramide auf und sorgt auch für unsere Rentenkasse in der Bundesrepublik. Und an der Stelle – wenn ich mal auf die Schadenfreude zurückkommen kann –, da habe ich eine gewisse Schadenfreude. Man hat damals noch nicht begriffen, daß das ein Problem ist, das man nicht durch Ausreiseregelung lösen kann, sondern nur durch wirkliche Hilfe für den Partner, der nicht durch eigene Schuld in dieser desolaten Lage ist.

Also die Massenbasis, die die Opposition jahrelang nicht hatte, aber jetzt bekam.

Ja, die hat sie kurzzeitig gehabt, nur kurzzeitig hat sie sie gehabt, die Massenbasis. Und erstaunlich viel Basis und auch ein erstaunlich sprachfähiges Volk. Das gehört ja zu den Wundern des Herbstes. Am 4. November zum Beispiel stand ich so in der Mitte der Demonstrierenden – mit einem kleinen roten Büchlein übrigens, das war damals schon ein bißchen gefährlich. Da schützte mich gewisse Öffentlichkeit schon davor, daß ich da nicht mal angerempelt wurde. Da habe ich mir alles aufgeschrieben, was das Volk auf die Transparente schrieb. Und das war ein Punkt. An dem Tag war ich glücklich, dachte: so ein kluges Volk, dazu gehörst du. Aber ich war gleichzeitig deprimiert, dachte: nachher mußt du auch noch was sagen. Die können das viel besser sagen als du. Also so viel Identifikation mit diesem Volk der Deutschen in der DDR habe ich nie gehabt wie an diesem Vormittag. Aber ich habe Ihre Frage noch nicht vollständig beantwortet. *Sagen Sie, sagen Sie weiter…* Wir haben in den vielen Jahren, in denen wir miteinander nachgedacht haben in verschiedenen Gruppen, ja darüber nachgedacht, wie wir nicht dieses System abschaffen, sondern wie dieses System wirklich ein menschliches Gesicht bekommt. Und waren dann kurzzeitig, denke ich, auch Leute, die den anderen eine Sprache gegeben haben bei den Demonstrationen. Aber dann hat sich herausgestellt, später, daß es alles schon zu spät war. Zu spät war für den Dialog mit den Mächtigen. Es war zu spät. Ich denke, wenn die Partei auf uns gehört hätte, ein bißchen früher, wären wir nicht in der jetzigen Lage. Wären wir nicht in der jetzigen Lage. Sie haben sich immer um uns gekümmert, um die Dissidenten. Wir waren nie die Gegner, sondern wir waren mehr Reformer in der Mehrzahl. Und jetzt bekommen sie die ganze aufgestaute Verzweiflung und Wut zu spüren und, denke ich, die Quittung für die Tabuisierung der Probleme, die jeder sah und fast jeder auch mitmachte – das ist ja das

Schlimme. Und ich denke, daß hier also auch sozialpsychologisch ganz, ganz komplizierte Prozesse ablaufen.

Sind nach Ihrer Meinung jene, die lange abseits standen, abseits der Opposition – sind diese Leute Mitläufer des DDR-Regimes gewesen, die aber zugleich auch dessen Opfer wurden?

Ja. Mitläufer und Opfer – jeder in seiner Weise. Mal mehr Opfer und mal mehr Täter und mal mehr Mitläufer. Und – das sagen viele jetzt – die Lösung in einem schnellen Anschluß an die Bundesrepublik zu sehen hat drei Gründe. Der erste Grund ist in der Tat dieses wirtschaftliche Gefälle, das da ist. Wir richten uns ganz nach Westen hin und nicht mehr nach Osten hin, sondern wollen auch dazugehören. Das zweite ist, daß wir immer Gedemütigte gewesen sind – nämlich Bittsteller. Ob bei der Polizei, bei einem Reiseantrag oder beim Zahnarzt oder im Restaurant. Ich weiß nicht, ob Sie erlebt haben, wie ein DDR-Bürger in ein Restaurant geht und wie ein Bundesbürger in ein Restaurant geht. Wir waren immer Bittsteller, und dann waren wir, denke ich, immer die schlechteren Deutschen oder durften von hier aus gar nicht Deutsche sein, sondern sollten Volk der DDR werden, wenn wir aber ins Ausland kamen, ins sozialistische Ausland, merkten wir, wer wir waren. Ich denke, Identitätsverlust, Würdeverlust und diese wirtschaftliche Differenz haben dazu geführt, daß wir die Lösung unserer Probleme jetzt darin sehen, ganz Deutsche zu sein.

Ich bleib noch ein bißchen bei den Mitläufern, den Opfern und den Tätern. Was empfinden Sie, Herr Schorlemmer, angesichts der vorherrschenden Stimmung in der DDR, die das einstige Mitläufertum allenfalls noch in den alten Blockparteien wahrnimmt, aber sonst nur noch viele Opfer und wenige Täter kennt. Was empfinden Sie dabei?

Trauer. Auch ein bißchen Scham. Und auch Wut. Wut darüber, daß manche, denke ich, mehr Erinnerung haben an das, was andere getan haben, als an das, was sie selbst getan haben. Ich möchte eigentlich, daß wir jedem in diesem Land eine Chance lassen. Wir können doch nicht als gespaltene Teilnation in ein geeintes Deutschland kommen. Und ich denke, das setzt voraus – sage ich mal als Theologe auch –, daß sich jeder gestattet, seinen Anteil an Schuld sich einzugestehen und vielleicht auch andere und nicht immer nur sich entschuldigt. Andererseits aber habe ich auch Verständnis für so viel Mitläufertum, denn es brauchte ziemlich viel Mut, anders zu sein. Und viele, die sagten: so viel will ich nicht aufbringen, verließen halt das Land. Und die anderen, um hier zu leben, paßten sich an. Und wir haben eben Hunderttausende, ja Millionen verloren, die wir in diesem Land brauchten, auf diese Weise. Und ich denke, daß wir jetzt vor der Schwierigkeit stehen, wie wir das Land regierbar halten, liegt einerseits an diesem Aderlaß und andererseits an der Kaderpolitik der SED, die keinen hochkommen ließ, der nicht willfährig war oder sogar in die SED ging. Und wir stehen jetzt vor der Schwierigkeit, wie wir diese Kompetenz, die auch in dieser Partei und den anderen Parteien angesammelt ist, wie wir die nutzen. Und wenn wir sie nicht nutzen, was wir dann machen. Und dafür haben wir aber im Volk, wegen dieser Wut, nicht genügend Akzeptanz.

Der Mensch, wir Menschen, Herr Pastor, ist nicht der schwache, hinfällige, gebrechliche Mensch, der nicht durch Neigung, Begabung, Eigenheiten, darunter auch Ehrgeiz, ins Öffentliche, ins Engagierte drängt, ist nicht dieser schwache Mensch in allen Systemen dadurch gekennzeichnet, daß er es in seinem eigenen Interesse vorzieht, so lange wie irgend möglich im Schutz der Zurückhaltung zu existieren? Er hat es doch schon schwer genug. Wohl dem Land, das keine Helden braucht…

So ist es. Und wir haben diesen Spruch auch zitieren lassen und beklatscht, aber das Land war geradezu so…

Dennoch haben Sie sich mal abgefunden mit dem Nischenbewohner und gesagt, er soll das ruhig sein. Ich kann von ihm nicht mehr verlangen. Andererseits haben Sie, wie viele Ihrer Texte belegen, wie auch Äußerungen in unserem Interview hier belegen, auch Unzufrie-

denheit mit diesem schwachen Menschen geäußert. Ich halte das für
sehr verständlich. Ich frage jetzt nach Ihrer Selbsteinschätzung. Ist
Ihnen dieser Zwiespalt in Ihrer Annäherung an den gebrechlichen
Menschen bewußt?

Ja, wenn mir der nicht bewußt wäre, dann könnte ich, glaube ich, gar nicht Pfarrer sein, denn dies setzt immer voraus, daß ich Verständnis behalte für Menschen, die gefallen sind. Und daß sie nicht von oben herab behandelt werden dürfen. Und wenn ich mich kritisch über diese Menschen äußere, und das öffentlich tue, muß ich mir auch gefallen lassen, daß das arrogant wirkt. Aber – ich möchte doch auch sagen dürfen, was ich sehe und denke. Das ist ein Zwiespalt. Ich denke, es geht nicht darum, Menschen zu verurteilen, sondern darum, daß wir ehrlich miteinander umgehen und uns auch ehrlich und offen die Meinung sagen. So, daß wir hinterher als – kann ich mal so sagen – auch als Versöhnte leben. Das setzt aber voraus, daß wir auch den Mut hatten, uns die unbequeme Wahrheit zu sagen. Und diesen Mut habe ich als Pfarrer versucht zu bewahren, wissend, daß ich auch kein Held bin.

So, wie Sie jetzt Ihre Einstellung zum – mit Zuneigung und Respekt gesagt – gewöhnlichen Menschen formuliert haben, steckt darin aber auch wieder – für mich erkennbar jedenfalls – die Erwartung: er kann über sich hinauswachsen. Kann er das, kann er das wirklich? In seiner Mehrheit?

Das ist nicht meine Frage... *Meine Frage ist es...* Ja, meine Frage ist es nicht, ob er es in seiner Mehrheit kann. Sondern ich bin über jeden glücklich, dem das gelingt, und ich bin auch glücklich, wenn ich das an mir mal erlebe. Aber, ich frage nicht nach Mehrheiten, sondern danach, ob jemand das am anderen sehen kann oder an sich erleben kann und daß wir einander dazu helfen, über uns hinauszuwachsen. Und wenn wir das nicht glaubten – ich glaube, dann versuchten wir es auch nicht mehr. Also gewissermaßen: Die Voraussetzung für die Kraft ist die Hoffnung, daß mir das möglich ist, und das Zutrauen zum andern, daß ihm das möglich wird. Das Scheitern kommt schon noch früh genug.

Ist es nicht auch ein Menschenrecht, unter Freiheit vor allem zu verstehen: gut zu leben und unbehelligt zu bleiben. Und sei es auch nur von Lippenbekenntnissen zu sogenannten höheren Werten... Das ist nun der Mensch, der gar nicht über sich hinauswächst... Ist das sein Menschenrecht?

Das ist sein Menschenrecht, natürlich, das ist sein Menschenrecht. Nur muß er sehen, wenn er so lebt, ob andere Menschen neben ihm, weil er so lebt, leiden. Ich kann nur sagen: ein Südafrikaner, ein weißer Südafrikaner, kann phantastisch so leben; sagen: mir geht's gut, ist auch mein Recht, zu leben. Und ihn kümmern nicht die Farbigen, um es in einem Bild zu sagen. Und ich denke, das gilt auch für uns. Ich denke, da wir in einer Welt leben, können wir uns eigentlich nicht mehr leisten, nur darauf zu sehen, ob w i r gut leben, also ob i c h gut lebe, sondern müssen sehen: Leb ich mit meinem Leben auf Kosten anderer, neben mir oder auch fern von mir? Dafür möchte ich wirken. Sowohl, sagen wir, im Individuellen wie im Sozialethischen.

Sie tun das. Und Sie haben es in der Oppositionszeit mit großer Courage getan, und tun es weiterhin. Aber, ich bleibe noch einmal dabei, daß Sie es getan haben, aus welchen verschiedenen Gründen, die wir gestreift haben, auch immer: Ist das nicht schon wieder etwas, was Sie, ohne jeden Hochmut gesagt, vom Durchschnitt unterscheidet, und steckt darin nicht die Gefahr, die Gefahr von Friedrich Schorlemmer, die Gefahr von Intellektuellen, auch die Gefahr, die Selbstgefährdung von Politikern, die sich sonntags mit ihren Wählern darüber verständigen, daß man gemeinsam höhere Werte verficht, unter der Woche aber, ohne die Wähler weiter zu berücksichtigen, politische Interessen befriedigt und die Wähler ihrem Tagewerk nachgehen – steckt nicht in diesem auch schon wieder eine Verkennung der menschlichen Grundbeschaffenheit? Ist man nicht immer – wenn man so ist wie Sie – in der Gefahr, sich selber als Maßstab zu nehmen?

Es könnte sein, daß dieser andere Mensch, über den Sie sprechen, sich selber reduziert, und ich möchte gern, daß er genauso wie ich... Wer will nicht gut leben? Ich bin auch kein Asket. Aber, daß der Mensch einfach, wenn er über sich selbst hinauswächst, auch reicher wird. Und wenn sich sein Leben nicht, wie Günter Kunert mal gesagt hat, beschränkt auf die Existenz einer Ente – Watscheln, Fressen, Scheißen –, das wäre also die bloße biologische Existenz, also: arbeiten, um zu konsumieren, und dann wieder was auszuscheiden. Das ist noch nicht Mensch-Sein. Und das sage ich jetzt nicht von oben herab, sondern sage, das sind die Voraussetzungen dafür, daß er sich entfalten kann, und er darf auch nicht so leben müssen, daß er nur damit beschäftigt ist, fürs Nötigste dasein zu müssen.

Man kann es doch auch freundlicher formulieren, als Kunert das getan hat. Man kann doch auch sagen: Der gebrechliche, hinfällige Mensch hat so viel historische Erfahrung gewonnen, daß er durchaus mehr Mensch-Sein belebt, praktiziert als nur das, was mit dem Entenbild von Kunert ausgedrückt ist, und dennoch, und dennoch, was wir alle bedauern müssen – auch im Interesse aller Menschen bedauern müssen –, daß die Wahrheit dennoch so ist, daß es ihm egal ist, was in Südafrika passiert. Daß es ihm auch, wenn er ein Schwacher ist in der Bundesrepublik, egal ist, was in der DDR passiert. Ist das nicht die Realität, von der man auszugehen hat? Wenn man das aber tut, kann man dann vielleicht das nicht mehr tun, was Sie getan haben?

Das ist ja fast eine rhetorische Frage. Was soll ich da sagen? Ich habe ein anderes Menschenbild und denke, um es mit einem biblischen Wort zu sagen, ein Volk ohne Visionen geht zugrunde, und die Vision muß immer über das hinausreichen, was wir erreichen, aber immer auch auf Erreichbares bezogen bleiben.

Was ist Ihre Vision?

Die Vision – ich habe die Vision von einer Welt, in der alle Menschen ein Lebensrecht haben. Sie ist reich genug und schön genug. Aber, es geht nicht weiter so, daß wir in einer so gespaltenen Welt leben, wie wir jetzt leben, zwischen Nord und Süd zum Beispiel. Und wenn wir kein globales Gewissen entwickeln für die Lebensfähigkeit aller Menschen der Gegenwart und für die Überlebensfähigkeit des Ganzen, haben wir keine Zukunft mehr. Und ich sehe das gegenwärtig auch sehr... bin sehr skeptisch, bin sehr skeptisch im Blick auf unsere mentale und emotionale Beschaffenheit als Gattungswesen... *Aber dennoch das Apfelbäumchen pflanzen...* Ja, natürlich.

Was bedeutet für Sie, Jahrgang 1944, der Begriff deutsche Nation?

Ich habe mir eigentlich in meiner Kindheit schon immer gewünscht, daß dies geteilte Land zusammengehört. Ich bin an der Elbe großgeworden. Da fuhren immer alle Dampfer nach Hamburg. Und ich wäre so gerne mal nach Hamburg gefahren. Und ich habe auch emotional das Gefühl, der Rhein ist ein Fluß – der gehört zu mir. Gehört nicht mir, sondern gehört zu mir. Und später dann habe ich gemerkt, daß ich Deutschland nie ohne Europa mehr sagen darf und nicht mehr sagen will... *Das kam aber über den Kopf? Das mit dem Rhein kam vom Gemüt!?* Und jetzt wundere ich mich, daß ich mich gar nicht so freuen kann, daß ein Kindertraum in Erfüllung geht, weil ich jetzt sehe: es ist noch mehr zu bedenken, aber Europa ist inzwischen auch in meinem Gefühl, zumindest Osteuropa. Als ich das erstemal in Polen war, das ist... das war nicht mal Verstand, habe ich gemerkt. Was wir für eine Hinterlassenschaft haben, die über Generationen hinweg gilt. Und insofern kann ich mich gut in dieses Wort, das von Thomas Mann stammt, hineindenken: Ich möchte ein europäisches Deutschland und kein deutsches Europa.

Herr Schorlemmer, warum sind Sie vom Demokratischen Aufbruch zur SPD gegangen?

Das hatte im wesentlichen zwei Gründe. Erstens: Wenn Sie beide Programme nebeneinanderlegen, dann müssen Sie sich fragen: Warum zwei Gruppen, die so ein gleiches

31

Programm haben, müßten sie nicht auch ihre Ressourcen, ihre geistlichen und menschlichen, zusammenlegen? Und das zweite war, daß im Demokratischen Aufbruch ein nicht geringer Teil der Teilnehmer am Parteitag doch anderes wollten als ich. Und das hatte mit dem, was wir im Programm geschrieben haben, nicht mehr soviel zu tun. Aber im wesentlichen war mein Grund, keine Zersplitterung der Opposition zuzulassen. Und wer zusammengehen kann, sollte zusammengehen. Nichts wäre schlimmer, als wenn die Menschen nachher nicht wissen, was sie wählen sollen. Alles ist sich so gleich, aber keiner wird's wirklich packen. Ich denke, wir müssen da noch sehr viel auf Eigenprofil verzichten und ein erkennbares Profil für alle Menschen in diesem Land erreichen, damit wir dann schließlich auch noch als *Subjekt* in das gemeinsame Deutschland eingehen.

Die jetzt schnell wechselnden Verhältnisse erfordern wechselndes Personal. Sind Sie nach Ihrer Selbsteinschätzung eher ein Mann der Oppositionszeit gewesen und taugen Sie weniger für die politischen Funktionen, die nun gefragt sind?

Da bin ich im Augenblick – was andere mir raten und mich fragen und wovon sie mir abraten – ganz ungewiß und hin und her gerissen. Gestern abend noch habe ich mit guten Freunden und mit meinen unmittelbaren Kollegen im Hause darüber nachgedacht. Ich werde also jetzt nicht unmittelbar in die Politik gehen – aus zwei Gründen nicht. Der erste Grund ist: Ich müßte meine Identität wechseln. Ich bin jetzt 23 Jahre lang in der Kirche tätig als Pfarrer und habe meine Aufgabe immer darin gesehen, zu verbinden und nicht zu spalten. Jetzt müßte ich aber als Parteimitglied spalten. Das zweite: Ich müßte auf Privatheit verzichten, also der Schnüffelei der Stasi würde jetzt die Schnüffelei der Medien folgen. Und die Briefe, die ich bekomme, die müßte ich von einem Privatsekretär – ist schon fast jetzt so – beantworten lassen. Und ich kann schon jetzt, ich schaffe es schon jetzt nicht mehr. Aber ich will mich politisch in diesem Land weiter, so gut ich es kann, einmischen.

Erlauben Sie mir eine letzte Frage. Welche Nöte und Ängste und wieviel Glück auch haben Sie empfunden in den entscheidenden kritischen Tagen des vergangenen Herbstes?

Einmal – bis Mitte Oktober – so furchtbare Nöte und Ängste, daß ich am Schluß nur sagen kann: Daß ich das überstanden habe, bin ich ganz glücklich. Wissen Sie, was dieser real existierende Stasiismus angerichtet hat? Was er mit Menschen gemacht hat, auch mit mir, hat mich wieder an den altbösen Feind glauben lassen. Und dann haben wir es geschafft, ohne daß ein Mensch darüber gestorben ist, dies loszuwerden. Darüber bin ich nach wie vor so glücklich, bei allem, was uns jetzt so beunruhigt, daß wir diese Zentrale in der Normannenstraße und alles losgeworden sind. Aber die Aufräumarbeiten – dafür müssen wir jetzt alles tun. Und diesen Menschen, die dort auch deformiert worden sind, die Chance geben, sich selber zu befreien. Und ich hoffe immer noch, daß wir diese große Arbeit tun können. Das setzt aber voraus, daß die, die abends demonstrieren, am Tag auch die politische Mitarbeit suchen. Wenn Sie gestatten – ich bin Pfarrer, dann möchte ich am Schluß ein Gebet lesen, das von einem Kollegen stammt, von 1864, das voraussetzt, daß Gott Humor hat. Und ich denke, wenn er keinen hätte, gäbe es ihn nicht. Er muß sehr viel Nachsicht mit uns haben. Und Nachsicht ist ein anderes Wort für Humor. Also: Lieber Gott und Herr! Setze dem Überfluß Grenzen und laß die Grenzen überflüssig werden! Nimm den Ehefrauen das letzte Wort und erinnere die Ehemänner an ihr erstes! Gib den Regierenden ein besseres Deutsch und den Deutschen eine bessere Regierung! Schenke uns und unseren Freunden mehr Wahrheit und der Wahrheit mehr Freunde! Bessere solche Beamte, die wohl tätig, aber nicht wohltätig sind! Und laß die, die rechtschaffen sind, auch Recht schaffen! Sorge dafür, daß wir alle in den Himmel kommen, aber, wenn Du es willst, noch nicht gleich!

Lothar de Maizière

Gespräch vom 20. Februar 1990

Lothar de Maizière, am 2. März 1940 geboren, ist Sproß einer preußisch-hugenottischen Familie. In Berlin aufgewachsen. Ein führendes Mitglied der Bundessynode der evangelischen Kirche der DDR. Rechtsanwalt. Auch in politischen Fällen. Also jemand, der mitgewirkt hat an der Wende in der DDR, aber jemand, der auch Mitglied in einer der Blockparteien war. Heute Vorsitzender der CDU der DDR. Minister im Kabinett Modrow. Jemand, der zäh ist. Still, aber zäh. Lothar de Maizière. Fühlen Sie sich noch als DDR-Bürger, Herr de Maizière, oder geht Ihr Empfinden schon im vereinigten Deutschland auf?

Das ist eine schwierige Frage, weil sie gleich so auf die emotionale Mitte zielt. Ich fühle mich doch noch als DDR-Bürger. Und ich denke, daß dies auch notwendig und richtig ist, denn man kann nicht von einem Tag in den anderen in eine neue Identität schlüpfen. Man würde sich und seine Vergangenheit aufgeben und damit auch keine Zukunft gewinnen.

Wird es nicht vielmehr noch sogar so sein, daß Ihnen – Sie werden in wenigen Tagen am 2. März 50 Jahre alt, das heißt, Sie haben 40 Jahre in der DDR gelebt –, Ihren Altersgenossen im Land, den zehn Jahre älteren ohnehin, den heute 40jährigen wahrscheinlich auch, schon die DDR ihr Leben lang im Gemüt und in der Mentalität stecken wird?

Ich denke, daß das so sein wird. Und ich halte das auch nicht für falsch, daß es so ist. Wir müssen uns, wenn es zu dieser Einigung kommt, einbringen, so, wie wir sind, und müssen auch versuchen uns mit unserem So-und-nicht-anders-Sein zu behaupten und durchzusetzen. Wenn die Einigung eine Chance für ganz Deutschland haben soll, dann eben auch, indem wir das einbringen können, was wir sind.

Was werden Sie einbringen? Was glauben Sie, was die Mentalität des DDR-Bürgers, der DDR-Bürgerin von der der westdeutschen auf Dauer unterscheiden kann, auf lange Zeit jedenfalls unterscheiden kann?

Gut, wie lange das hält, wird man sehen. Ich denke, zunächst müssen wir davon ausgehen, daß die bei uns gewachsene, besondere Art von solidarischem Umgang miteinander uns im Wesen noch lange bestimmen wird. Und ich habe gehört, daß also auch viele sogenannte ehemalige DDR-Bürger in der Bundesrepublik sehr darunter leiden, daß diese Befindlichkeit dort für sie nicht antreffbar war, und daß sie sehr stark den Kontakt untereinander pflegen, eben in Erinnerung an diese Art des Zusammenlebens. Wieweit diese Art der Solidarität nur Reaktion war auf die gesellschaftliche Befindlichkeit und sich dann nicht mehr als notwendig erweist, wenn andere gesellschaftliche Verhältnisse herrschen, wird man sehen müssen, aber ich fände es gut, wenn wir dies ein Stück weit hinüberretten könnten, nicht nur retten könnten, sondern vermitteln könnten. Und als Lebensgefühl also auch den westdeutschen Bürgern nahebringen könnten. Ich habe das vor einer Weile schon mal gesagt: Wenn sich zwei westdeutsche Bürger verabschiedeten und sagten »Ich ruf mal an«, dann war das die sicherste Methode, sich nicht anzurufen. Während es bei uns so war und ist: wenn man sagt »Ich ruf mal an«, dann ruft man auch an. Dann liegt einem an diesem Kontakt.

Etwas gern erhalten wollen oder erwarten, ob es sich auch erhält – das ist zweierlei. Halten Sie für möglich, daß, wenn die Vereinigung geglückt ist, die Schwierigkeiten gemeistert – was immer das bedeuten mag –, Ihnen was fehlen wird im Rückblick?

Je mehr man festhalten kann, desto weniger wird einem fehlen, würde ich sagen. Wenn also bestimmte Dinge untergehen – eben diese Frage solidarischen Umgangs miteinander oder die Fähigkeit zu improvisieren, die bei uns sehr viel stärker ausgeprägt ist als in der Bundesrepublik, die Fähigkeit, mit Lebensgewohnheiten oder Lebenssituationen fertig zu werden, auch dann, wenn man sie als belastend empfindet – je mehr es uns gelingt, das zu erhalten, desto weniger wird uns fehlen. Aber Sie sagen natürlich: wenn es dann geglückt ist. Und das ist die Frage nach dem Glücken.

Wir werden darauf noch kommen. Haben Sie sich von Westdeutschen, die auf Besuch kamen – Sie haben schon eine gewisse Flüchtigkeit im Umgang der Westdeutschen untereinander erwähnt –, haben Sie sich von Westdeutschen, die auf Besuch kamen, in Ihren DDR-Existenzbesonderheiten verstanden gefühlt, und haben Sie die Westdeutschen immer verstanden?

Ich würde sagen, daß das Maß des Verstandenseins in der letzten Zeit eher zugenommen als abgenommen hat – und zwar wechselseitig. Aber es hat natürlich in der Vergangenheit viele Erlebnisse gegeben, derart, daß man sich nicht verstanden fühlte mit seinen Gedanken und mit seinen Entscheidungen. Das liegt aber auch daran, daß die Entscheidungskondition von denen, mit denen man sprach, nicht erfragt wurde und insofern gar nicht die Frage stand, ob man eine andere Entscheidungsvariante hätte bevorzugen oder nicht hätte bevorzugen können.

Haben Sie sich von der Bundesrepublik, von den Westdeutschen in der Regel – Ausnahmen bestätigen die Regel – oft im Stich gelassen gefühlt?

Ich glaube, die Erwartungssituation... das Im-Stich-Lassen hängt ja immer damit zusammen, ob man sagt: Ich erwarte etwas von jemand bestimmtem. Und wenn diese Erwartungshaltung nicht befriedigt wird, dann fühlt man sich im Stich gelassen. Und insofern kann ich sagen, ich habe mich nicht im Stich gelassen gefühlt, oder selten... *Sie haben nicht viel erwartet...* Weil ich auf dem Standpunkt stand: das, was wir zu leisten haben, müssen wir selber leisten.

Politiker wollen und sollen gestalten, Herr de Maizière. Was kann ein DDR-Politiker derzeit noch anderes tun als abzuwickeln bis zur Übernahme durch den reichen Vetter?

Ich glaube, es ist nicht ganz richtig, daß es lediglich Verwaltungstätigkeit wäre, obwohl die Tätigkeit der letzten Wochen diesen Anschein manchmal aufkommen ließ. Ich würde es für die ungünstigste Lösung ansehen, wenn es zu einem Zusammenstürzen käme, sondern meine schon, daß man, solange man glaubt Gestaltungsspielräume zu haben, diese auch nutzen muß. Nicht umsonst habe ich in der vergangenen Woche auf einer Pressekonferenz angekündigt und werde dies Mittwoch auch tun, daß wir dafür eintreten, die 49er Verfassung der DDR wieder einzuführen, um nicht nur von der Legitimation einer Wahl getragen zu werden, sondern auch vor einer Verfassungswirklichkeit zu stehen, die bestimmte Aussagen trifft, die man dann also auch in Verhandlungen einbringen kann.

Wäre Ihnen wohler, wenn es langsamer ginge, langsamer gehen könnte mit der Vereinigung?

Das ist die Frage, nach dem, was man sich wünscht. Und ich habe also inzwischen gelernt, daß man sich in der Politik nicht nach dem Wünschbaren, sondern nach dem Machbaren richten muß. Wünschbar wäre manches schon: daß es mehr Gestaltungsräume noch gäbe und daß die Entwicklung ein solches Tempo hätte, daß man mit ordnenden Maßnahmen, aber auch mit seinem Gefühl und mit seiner Seele hinterherkäme... *Was Sie nicht für ganz sicher ansehen...* Ja, das sehe ich nicht für sicher an... *Machbar – das ist so 'ne Sache...* Machbar heißt nicht prinzipienlos.

Wird sich herausstellen, wird sich herausstellen. Im letzten Herbst haben alle Gruppen, die sich neu artikulieren konnten, und die etablierten Parteien ohnehin die Vereinigung für eine langfristige – wünschenswerte – aber langfristige Sache angesagt. Und einige haben das auch gar nicht für wünschenswert angesehen. Inzwischen, nach im Grunde noch nicht einmal drei Monaten, ist die breite Volksstimmung – aus welchen Gründen auch immer – so sehr auf

eine schnelle Vereinigung umgeschwenkt, daß mit Ausnahmen, we-
nigen Ausnahmen, auch alle Politiker, auch Lothar de Maizière,
die möglichst schnelle Vereinigung anstreben. Wer macht da etwas?
Machen da die Politiker etwas, oder lassen sich die Politiker mittrei-
ben?

Zunächst möchte ich sagen, wie sie die Zustandsbeschreibung für den Herbst vorigen Jahres vornehmen. Und
das war nicht nur eine Zustandsbeschreibung hier, das war
also auch die Zustandsbeschreibung in der Bundesrepublik.
Denn wenn ich mir den 10-Punkte-Plan des Herrn Bundeskanzler ansehe, zielte der sicherlich auch auf wesentlich
längere Zeiträume ab, obwohl keine zeitlichen Aussagen
darin enthalten sind. Aber ich brauche keine zehn Schritte,
wenn ich meine, das in zwei Schritten tun zu können. Ich
denke, daß im wesentlichen die ökonomischen Rahmenbe-
dingungen zu einer Beschleunigung des Prozesses beigetragen haben. Und ein weiteres, daß das Vertrauen eines
Großteiles der Bürger nicht dahin geht, daß in so langsa-
men Schritten das, was sie sich wünschen, erreicht werden
könnte. Und von daher sich das Empfinden eines breiten
Teiles der Bevölkerung und auch ihr Handeln entfernt hat
von dem, was politisches Denken ist.

Und hier muß sich der Politiker – ich sage es wertfrei – unter-
werfen?!

Sicherlich, wenn wir sagen: es muß eine Einigung so
schnell als möglich, d.h. ja nicht so ungeordnet wie möglich, geben, ist das eine Reaktion auf diese Entwicklung,
die s o keiner voraussehen und nicht vorausahnen
konnte. Ich habe auch gemeint, daß die Strukturen stabiler
wären, als sie sich nun erweisen im Laufe der Zeit. Ich
glaube, daß durch die Widersprüche in einer Gesellschaft,
etwa der der Bundesrepublik, mit einem ständigen leichteren Hick-Hack, der sich aber dann mehr auf einen Normal-
pegel einpegelt, ein höheres Maß von Stabilität erreicht
wird. Wir hatten einen sehr pyramidalen Aufbau und haben den Eindruck, wenn man da unten drei, vier Steine

rauszieht, dann bricht die Pyramide in sich zusammen. Und das scheint so die Situation zu sein, die wir sowohl in der Wirtschaft als auch in der politischen Struktur partiell zumindest feststellen können.

Jetzt sind wir bei dem Noch-gestalten-Können oder Nur-noch-Abwickeln noch einmal angekommen. Sind wirre Zeiten, in denen wir leben, Herr de Maizière. Lassen Sie mich nun die Frage nach dem schnellen Vollzug des Zusammenschlusses einmal ganz und gar rumdrehen. Was passiert denn, wenn es wider Erwarten doch noch einige Zeit dauert, etwa weil es keine Verständigung über den militärischen Status Gesamtdeutschlands gibt. Läuft die DDR dann leer, bricht alles zusammen, entsteht eine Anarchie?

Die Frage des militärischen Status... *Darauf komme ich nachher. Lassen Sie uns, wenn Sie erlauben, bleiben bei: Was passiert, wenn die Erwartung der Menschen betrogen wird?* Ich denke, daß dann dieses Leerlaufen, das Sie ansprechen, erfolgen wird und daß damit die Chancen, in diesem Land etwas Vernünftiges aufzubauen, wesentlich geringer werden. Die große Chance, die wir haben, sind gute Industriestandorte und gut ausgebildete Menschen, die auch in der Vergangenheit ein hohes Maß an Arbeitsbereitschaft bewiesen haben, wo die Ergebnisse allerdings nicht adäquat sind. Und wo sehr schnell Handeln geschehen ist, das Hoffnung vermittelt. Und wenn dies ausbleibt, dann, fürchte ich, wird dieses Auslaufen sich noch verstärken und damit die Chance für die Hierbleibenden täglich geringer werden. Der Altersbaum der Gesellschaft wird sich wesentlich verschlechtern. Es wird das Verhältnis zwischen produktiv und unproduktiv Tätigen immer schwerer ausgleichbar sein und ähnliche Erscheinungen mehr.

Die Anpassung, die das untergegangene Regime seinen Bürgern aufnötigte, ist bekannt, obwohl man derzeit – will ich hinzufügen – in der DDR gelegentlich den Eindruck gewinnen kann, daß es Angepaßte kaum gegeben hat, sondern nur Opfer auf dem Sprung zum Widerstand. Wie schmeckt Ihnen, Herr de Maizière, die Anpassung des Politikers im pluralistischen System, die Anpassung an taktische

Bedürfnisse, an Zweckoptimismus, den der Wahlkampf verlangt, an Volksstimmungen – das ist auch Anpassung.

Zunächst zu dem ersten Teil Ihrer Frage. Es ist richtig – ich habe es dieser Tage in einem Artikel geschrieben –, daß mancher sein gelegentliches Murren heute schon als lauten Widerstand begriffen haben möchte. Wenn wir so viel Widerstandskämpfer gehabt hätten, hätte es nicht so lange gedauert. Da bin ich schon anderer Auffassung, ich glaube schon, daß ein sehr hohes Maß an Anpassung stattgefunden hat. Die zweite und auf mich zielende Frage der Anpassung für Politiker… *…Anpassung der Politiker, politische Funktionäre, auch Journalisten, für alle, die mit Öffentlichkeit zu tun haben. Die Anpassung auch im pluralistischen System, an Wahlkampfoptimismus, an taktische Bedürfnisse, an Volksstimmungen – wie schmeckt die?* Ich denke, daß ein Politiker wohl die Pflicht hat, sagen wir – dem Wunsch und dem Willen einer Mehrheit der Bevölkerung zu entsprechen, wenn er es denn mit dem Begriff der Demokratie ernst meint, bloß er muß dabei noch die Fähigkeit haben, er selbst zu bleiben und bestimmte Prinzipien für sich gelten zu lassen. Und ich würde meinen, wenn dieses so weit geführt wird, daß er über diese Schwelle hinausgeführt wird, dann sollte er seine persönlichen Konsequenzen daraus ziehen. Ich denke jedenfalls, daß es nicht klug ist, eine fremdbestimmte mangelnde Selbstbestimmung nun durch eine selbstgewählte Fremdbestimmung einzutauschen. Dann wären wir eigentlich nicht um vieles gebessert, sondern dann müßte eigentlich noch die Scham dazukommen.

Können Sie Ihre Prinzipien, an denen Sie nicht rütteln lassen wollen, in Zukunft – können Sie die beschreiben? Können Sie die benennen?

Das ist sehr schwierig. Ich denke, daß das, was ich vorhin über eine besondere Form der Solidarität gesagt habe, eines der wichtigsten Prinzipien wäre. Ich würde nicht mit ansehen wollen, wie besonders starke Hemdsärmeligkeit den Leistungsschwachen und Leistungsunfähigen in der Gesellschaft keine Chance läßt. Ich denke schon, daß wir in Zukunft zwischen Leistungsunwilligen und Leistungsschwachen genauer differenzieren müssen, als wir das möglicherweise in der Vergangenheit getan haben. Aber, Leistungsschwache und Leistungsunfähige nun zu extremen Randgruppen der Gesellschaft zu machen, an den extremen Rand zu drängen, das wäre eine Entwicklung, die ich nicht teilen könnte.

Aber es gibt Sachzwänge – was sagt Ihnen das Wort?

Gut, sicherlich gibt es Sachzwänge, bloß, ich denke, wenn eine Gesellschaft im Ganzen etwas bescheidener ist, dann kann auch für die Schwachen mehr übrigbleiben.

Haben Sie denn den Eindruck, daß die Entwicklung der letzten Wochen dafür spricht, daß Bescheidenheit ein vorherrschender Charakterzug der Menschen ist?

Nicht unbedingt, nein. Aber man wird sicherlich auch manches, was sich bei uns in den letzten Wochen und Monaten getan hat, unter dem Gesetz des Pendels sehen müssen. Nachdem bestimmte Befindlichkeiten und Situationen über Jahre hinaus eben so waren, wie sie waren, wird nun dieses Freigelassen-Sein zunächst eine heftige Gegenbewegung in die andere Seite nehmen. Und man wird sehen müssen… Ich glaube nicht, daß das Pendel nun von allein in die Mitte zurückschwingt, aber daß man dazu beitragen kann, daß es wieder in die Mitte führt, das, glaube ich schon, ist richtig.

Haben Sie in den vergangenen Wochen gelegentlich – wenn Sie abends ins Bett gegangen sind – schlecht in den Schlaf gefunden, weil Sie bei Überprüfung Ihres Tagewerks sich selber noch mal kritisch bedacht haben, ob Sie in allen Punkten sich so verhalten haben, wie Sie sich am liebsten verhalten hätten? Oder ob Sie irgendwo Kompromisse schließen mußten – nichts gegen Kompromisse –, aber Kompromisse schließen mußten, die Ihnen das Einschlafen erschwerten?

Nun gut, also das letzte, ich schlafe in der letzten Zeit vier Stunden, und wenn ich ins Bett falle, falle ich meistens so rein, daß ich wie ein Stein schlafe... *Aber Sie wissen, wonach ich frage?* Ich weiß, wonach Sie fragen. Und ich weiß auch, was Sie mit dem Kompromiß meinen. Ich bin Anwalt von Haus aus und habe bei meinem Vater gelernt, daß der magerste Vergleich besser als der fetteste Prozeß ist. Aber es gibt Grenzen der Kompromißbereitschaft, und ich wäre unehrlich, wenn ich nicht sagen würde: es hat Kompromisse gegeben, die mir im nachhinein nicht gefallen haben. Es gibt ja so Lebenssituationen, wo man noch drei Tage später rot wird, wenn man daran denkt, daß man sie durchlebt hat. Solche gibt's auch.

Können Sie einen nennen, oder wollen Sie das lieber nicht tun?

Da müßte ich, glaube ich, sehr viel länger nachdenken und forsten. Ich denke, daß das Eingeständnis, daß man in der Politik schuldig werden kann, ausreichen müßte.

Immerhin – Sie haben sich jüngst der Volksstimmung, jedenfalls jener, die vor allem zu hören war, nicht angepaßt. Sie haben als Minister durch Vermittlung zwischen Staat und Kirche dazu beigetragen, daß Erich Honecker ein Unterkommen in einem evangelischen Pfarrhaus gefunden hat. Dazu habe ich zwei Fragen. Zunächst: Hätten Sie es vorgezogen, wenn Sie von dieser Sache verschont geblieben wären?

Nein. Ich habe also vermittelt, das ist richtig, und in ein oder zwei Fällen – vielleicht auch dreimal – bestimmte Botschaften transportiert und Gespräche befördert. ...*vermittelnd mitgewirkt?* Ja. Und ich habe es als eine legitime Aufgabe angesehen, die sich aus meinem speziellen Ressort ergibt – ich bin also für Kirchenfragen zuständig. Und ich verstehe, und habe es auch in der Vergangenheit so verstanden, Christentum so, daß man sich um den Armen und Schwachen kümmern muß, und zwar unabhängig davon, ob er fremd- oder selbstverschuldet in diese Situation geraten ist. Und wenn wir dies aufgeben, dann geben wir einen unverwechselbaren Teil von uns auf, und dann dürfte ich mich nicht mehr Christ nennen.

Wie war die Reaktion aus der Basis Ihrer Partei?

Es hat zwei oder drei Tage bei uns im Haus sehr viele Anrufe gegeben, und das war nicht nur die Basis meiner Partei, sondern es waren merkwürdigerweise sehr viele ehemalige SED-Mitglieder, die sich also beschwerten, daß ich in der Weise tätig geworden wäre. Aber es hat auch aus der Basis meiner Partei Beschwerden diesbezüglich gegeben. Nur muß ich dazusagen, daß sich bei Beschwerden oder emotionsgefärbten Äußerungen immer die ablehnenden stärker äußern als die zustimmenden. Zustimmung bleibt meistens draußen. Und wenn ich nun sagen würde, diejenigen, die sich nicht gemeldet haben, haben dem zugestimmt – dann habe ich eine gute Quote.

Noch eine Frage in diesem Zusammenhang. In der Bundesrepublik sollen ehemalige Angehörige des Staatssicherheitsdienstes der DDR generell keine Rente erhalten – also unabhängig davon, ob ihre jeweilige Schuld gerichtlich geprüft und gegebenenfalls festgestellt worden ist. Halten Sie das für richtig, Herr de Maizière?

Zunächst, bin ich der Meinung, sollten die Bundesrepublikaner ihre Entscheidung zu treffen haben. Ich halte es auf Dauer nicht für richtig. Ich denke, daß wir nach der Wahl oder recht bald danach Schuld für die Vergangenheit personalisieren sollten. Daß wir in einem rechtsstaatlichen Verfahren diese Schuld prüfen sollten – ob überhaupt vorhanden und in welcher Schwere und in welchem Ausmaße. Und daß wir dann einen gesellschaftlichen Akt der Versöhnung – sage ich mal so – finden müssen, wenn wir miteinander hier leben wollen und leben müssen. Kollektivverurteilungen – das hat die Geschichte uns gezeigt – haben selten wünschbare Ergebnisse gebracht.

Wenn Sie von Personalisierung der Schuld gesprochen haben, dann haben Sie damit die gerichtliche Überprüfung gemeint, nicht das Schaffen von Sündenböcken.

Genau dies.

Sie sind 1940 geboren worden, ihr Elternhaus ist das Haus einer hugenottisch-preußischen Familie. Ihr Vater war – Sie haben es

schon erwähnt – Rechtsanwalt, ihre Mutter kam aus einem Eltern-
haus, das unter dem Nationalsozialismus zur opponierenden beken-
nenden Kirche gehörte. Sie wuchsen, Herr de Maizière, ganz selbst-
verständlich in die evangelische Kirche hinein. Eine bürgerliche, eine
gut bürgerliche Familie. Haben Sie jemals erwogen, ins bürgerliche
Westdeutschland hinüberzuwechseln?

Wenn Sie das so fragen, dann ist das fast so, als ob Sie
nach einem Fossil fragten. So habe ich mich aber nicht verstanden. Ich hatte bis 1961 – wenn ich es mal so sagen darf
– keine Veranlassung, zu sagen, daß ich den Lebensraum,
in dem ich lebte, verlasse. Für mich stand relativ früh fest,
daß ich Musiker werden wollte. Ich konnte es werden, und
ich bin der Meinung, daß man einen Brahms in Hamburg
oder in Leipzig so gut spielen kann, wie das technisch-mu-
sikalische Vermögen reicht. Das vollzieht sich also relativ
wertfrei – der berühmte Elfenbeinturm. *Eine Nische.* Gut,
ich kenne Ihr Buch und kenne auch diesen Begriff, gestehe
allerdings, daß ich mich damals zunächst sehr geärgert habe
über die Bezeichnung Nischengesellschaft. *Warum haben Sie*
sich geärgert? Weil Sie bestimmte Lebenshaltungen und Ver-
haltensweisen – auch von mir – oder solche, die ich entwickelt habe im Laufe der Jahre, als Flucht vor der Wirklichkeit beschrieben haben, und das läßt man sich nicht so
sehr gerne sagen.

In der Schule, am berühmten Berliner Gymnasium »Zum
Grauen Kloster« eckten sie an, weil Sie sich einem Diskussionskurs
des Grafikers und Malers Herbert Seidel anschlossen, in dem gesell-
schaftliche Fragen aus christlicher Sicht erörtert wurden. Kein Wi-
derstand, aber auch kein unauffälliges Mitschwimmen im Strom.
Sie sind dann als 16jähriger 1956 in die CDU eingetreten.
Warum?

Zunächst war mein Vater Mitglied der CDU, war dies
also 1945 geworden. Wir lebten damals nicht in Berlin, in
Nordhausen, wegen Evakuierungsfragen. Zum einen dach-
ten wir – und ich auch noch 1956 –, daß die CDU mitge-
staltende Kraft entwickeln könnte. Und – ich gestehe es

schon – ich dachte auch, dann bin ich aus der Diskussion und diesem Diskussionskreis heraus.

Danach hätte ich jetzt gefragt. Man hat Sie – obwohl Sie ein bißchen angeeckt waren – 1958 das Abitur machen lassen. Spielte also bei dem Eintritt in die CDU auch die Überlegung mit – Sie haben's eben eingeräumt –, daß die Mitgliedschaft in der Blockpartei Sie schützen würde?

Das ist etwas zu zugespitzt gesagt. Ich wollte vielleicht auch sagen damit, daß das, was wir dort tun, durchaus nichts ist, was nun gesellschaftsgefährdend ist, sondern daß man sich mit dem Nachdenken über die gesellschaftliche Befindlichkeit sehr wohl in ein gesellschaftliches Umfeld einbringen kann. Aber ich will nicht bestreiten, daß ein Stück Opportunismus dabei war.

Was für Ideale sahen Sie damals in der DDR? Sie wollten ja – haben Sie eben erklärt – außer dem natürlichen Schutzbedürfnis auch eine Chance zur Mitgestaltung gewinnen.

Wissen Sie, in den 40er und in den 50er Jahren – in den 40er Jahren, da war ich noch sehr kindlich –, aber in den 50er Jahren waren viele der Meinung, und dies wurde auch vermittelt, daß dies der richtigere Teil Deutschlands wäre. Und wenn ich sehe, welche Schriftsteller, Bildhauer und andere, die in der Emigration gewesen waren, zurückkamen und eben ganz bewußt nicht in die Bundesrepublik gingen, sondern in den Raum der DDR gingen, weil sie meinten, dort wächst ein neueres Deutschland – wenn man so will –, so hat dies also auch eine gewisse Beispielwirkung gehabt. Wir waren damals Brechtianer und sahen beispielsweise auch die mangelnde Bereitschaft in der Bundesrepublik, sich mit der Zeit des Nationalsozialismus ernsthaft auseinanderzusetzen. Und doch wohl, daß dies Land ein zweites Modell wäre, das man sehr wohl dagegenhalten könnte und müßte.

Politiker in der DDR, Herr de Maizière, müssen heute noch schneller als ihre westlichen Berufskollegen ihre Worte von gestern und vorgestern schlucken. Also – die Zeitläufte sind so. Keine

Nachlese in alten Zitaten. Sondern jetzt gefragt und hier beantwortet: Was bedeutet Ihnen Sozialismus?

Das ist eine schwierige Frage. Zunächst, würde ich sagen, ist das Wort Sozialismus, und keiner von uns kommt dran vorbei, ein Stück unseres Lebens. Und zwar sowohl der real existierende Sozialismus, zu dem wir jetzt eine bestimmte Haltung haben, die eigentlich nur so sein kann, wie sie die meisten Menschen haben, indem sie ihn ablehnen. Und was vielleicht wichtiger ist, diese Frage war ein Stück geistiger Befindlichkeit – die Hoffnung, daß so eine Gesellschaft mit etwas gerechteren Verteilungsmustern aufzubauen sei.

Diesen Idealismus haben Sie geteilt?

Diesen Idealismus habe ich geteilt, ja.

Wollen Sie ihn behalten?

Ich habe da lange drüber nachgedacht und bin eigentlich zu dem Entschluß gekommen, daß wir jahrelang in diesem Begriff Dinge versucht haben unterzubringen, die dieses Begriffes auch entbehren können. Aussagen, vom christlichen Menschenbild her geprägt, müssen nicht das Wort Sozialismus haben, sondern müssen auf eigene Weise beschrieben werden. Und ich würde obendrein mich im Moment keinesfalls zu irgend etwas bekennen wollen, weil ich nicht wieder erleben möchte, daß jemand einen Begriff für mich füllt und dann meint, es wäre der meine.

Aber Sie müssen möglicherweise in Kauf nehmen, daß jemand den Begriff christliche Solidarität für Sie führt, wenn er die Mehrheit hat. Und sagt, wenn Du zu uns gehören willst, mußt Du den Begriff so deuten, wie wir es tun.

Gut, bloß dann wird man sehen, ob man gleiche Fehler in seinem Leben zweimal macht.

Was ist für Sie, Herr de Maizière, Mitläufertum? Verständlich, verächtlich, dem gewöhnlichen schwachen Menschen – ohne Hochmut gesagt – angemessen? Artüblich? Was ist Mitläufertum?

Ein Mitläufertum, wenn es geschieht aus Vorteilsstreben und vordergründigem Vorteilsstreben – dort hätte ich meine besonderen Schwierigkeiten, und da hätte ich auch schon die Frage, ob man es als Mitläufertum beschreiben kann. Aber ich denke, daß man manchen Menschen nicht zumuten kann, jeden Tag die Auseinandersetzung zu suchen. Und daß mancher vielleicht auch von seinen Fähigkeiten und Gaben her nicht dazu geeignet ist. Das Wort als Schimpfwort würde ich nur demjenigen vorhalten wollen, der echt in der Lage wäre und auch die Potenz dazu hätte, sich dagegen zu wehren.

Sie konnten nicht Musiker bleiben, ein Nervenleiden im linken Arm... Schön, daß Sie es lokalisieren... *Ich habe versucht mich gut vorzubereiten. ...hat Ihre Karriere beendet. Dann haben Sie im Fernstudium Jura studiert. Sind wie Ihr Vater Rechtsanwalt geworden. Dann haben Sie mit Gregor Gysi, dem Vorsitzenden der PDS, der ehemaligen SED, im Berliner Anwaltskollegium zusammengearbeitet. Was halten Sie von Gysi?*

Zumindest ist meine Meinung besser als die jetzt in weiten Teilen unserer Bevölkerung. Wir haben viele Jahre sehr guter und enger Zusammenarbeit gehabt. Und haben auch manches für eine Veränderung gemeinsam gedacht, wobei wir also unseren weltanschaulichen Ansatz, unterschiedlichen Ansatz... *Sie duzen einander...* Ja, sicherlich ja. *Ist keine Schande...* Wir haben uns im Kollegium fast alle geduzt. Das wäre also auch völlig fehlerhaft, wenn ich Ihnen sagte, es wäre mir gerade mit Gregor mich zu duzen schwergefallen. Durchaus nicht. Wir haben also, wie gesagt, viele Dinge gemeinsam gedacht, insbesondere im Bereich des Strafrechts und des Strafprozeßrechtes, wo wir die Möglichkeiten der Verteidigung, des Rechtes auf Verteidigung einmal als grundsätzliches Menschenrecht und die daraus abgeleiteten Rechte eines Verteidigers als wesentlich zu gering ausgeprägt sahen in unseren Rechtsnormen, insbesondere der Strafprozeßordnung. Und dort haben wir also immer wieder versucht in bestimmten Situationen dies einzubringen...

Das heißt, Gysi stand – so, wie Sie ihn erlebt haben – durchaus auf der Seite derer, die in Ihren bescheidenen Möglichkeiten zum

Beispiel als Verteidiger in politischen Fällen das Beste zu machen versucht haben? Auch nach heutigem Maßstab.

Das würde ich nie bezweifeln oder ihm in Abrede stellen wollen. Er hat Bahro verteidigt und über zwei Instanzen Freispruch beantragt, zu einer Zeit, wo dies sicherlich nicht einfach war.

Es gibt, wie ich finde, eine hübsche Geschichte von Ihnen und Gregor Gysi über zwei Interviews. Eins, das er gegeben hat dem »Neuen Deutschland«, und eins, das Sie gegeben haben der »Berliner Zeitung" im Herbst 1988. Ich wäre Ihnen dankbar, Sie würden die Geschichte erzählen.

Das ist richtig, das ist eine ganz amüsante Situation. Ende August 88 gab Gregor Gysi ein Interview dem »Neuen Deutschland«, wo es um Stellung und Aufgaben des Rechtsanwalts ging. Im Zuge der internationaler werdenden Menschenrechtsdiskussion stand natürlich auch die Frage nach dem Recht der Verteidigung und der Stellung eines Anwalts im System. Und dort hat er sie a beschrieben und b bestimmte Erwartungshaltungen gesetzgeberischen Handelns für die Zukunft artikuliert und, ohne, daß es mit ihm abgestimmt worden wäre, hat man bestimmte Passagen, die ich auch kannte, gestrichen. Und wenig später trat die »Berliner Zeitung« an mich heran und wollte auch ein Interview haben... *Zum selben Thema?* Zu einem vergleichbaren Thema. Vielleicht mehr so Berliner Anwalt zum Anfassen. Während »Neues Deutschland« mehr die große globale Linie beschrieben haben wollte. Und ich wußte ziemlich genau, was man da im ND so beschwerlich gefunden hat an dem Gysi-Text, und habe also zumindest dies Gedankengut, da es ja gemeinsames war oder gemeinsam Gedachtes war, in meinem Interview untergebracht, und zu meinem Erstaunen kam es auch, oder zumindest hatte ich auch vorher deutlich gemacht, daß das Essentialien wären, ohne die das ganze Interview nicht ginge.

Sie haben gesagt, daß Sie es richtig fänden, wenn die DDR möglichst schnell zu ihrer Verfassung von 1949 zurückkehren würde. Jetzt einen Schritt weiter gedacht oder jedenfalls gefragt: Empfehlen Sie für ein vereinigtes Deutschland die Übernahme des Bonner Grundgesetzes oder eine ganz neue gesamtdeutsche Verfassung?

Der Artikel 23 des Grundgesetzes sieht solche Möglichkeit ja vor. Dort heißt es: Die Länder soundso und soundso – und die Aufteilung folgt – haben für sich diese Verfassung beschlossen, und in weiteren Ländern ist nach Beitritt diese Verfassung in Kraft zu setzen. Ohne, daß ich jetzt Anspruch auf wörtlich korrektes Zitat erhebe.

Inhaltlich ganz korrekt. Empfehlen Sie die Übernahme des Bonner Grundgesetzes oder eine ganze neue Verfassung für das vereinigte Deutschland?

Wissen Sie, die Bundesrepublik hat ja in der Vergangenheit außerordentlich viel Politik gemacht mit der Präambel. Und dort ja so sinngemäß etwa, daß sich die Bundesrepublik dieses vorläufige Grundgesetz gibt, bis zu einem Zeitpunkt, in dem ein geeintes Deutschland in freier Selbstbestimmung die Verfassungsgrundsätze beschreiben könnte. Darauf zielt der 146 auch ab…

Jetzt wollen Sie die Bonner beim Wort nehmen, beim Sonntagswort. Wenn sie immer von der Präambel gesprochen haben, sich darauf berufen haben, dann sagen Sie jetzt… Da sind ganze Urteile darauf gestützt worden. …dann sagen Sie jetzt: Dann sollen sie sich an die Präambel auch im Ganzen halten, nämlich dann gibt es eine neue Verfassung.

Gut, und da wird sicherlich sehr viel grundsätzlich Bewährtes des Grundgesetzes aufzuheben sein. Aber wenn ich vorhin gesagt habe, daß wir uns mit unserer Vergangenheit und mit unserer Geschichte einbringen müssen, müssen wir auch bestimmte Dinge, die Ergebnis dieser Geschichte geworden sind, mit einbringen können. Und ich denke, daß es dann nicht ohne einige Korrekturen abgehen kann. Wiewiet das praktisch ist, wiewiet man die Situation des Konsenses, wie er sich 1949 ja ergeben hatte, wiederholen kann, das ist eine ganz andere Frage.

Wieviel Kraft und Macht die DDR dabei hat, ist eine andere Frage?

Auch. Bloß die 49er Verfassung, die ich anspreche, setzt ja einige Dinge, die also auch Ergebnis dieses geschichtlichen, bis dahin geschichtlichen Prozesses... *Dazu gehört erst mal die Bodenreform.* Beispielsweise die Bodenreform. Dies halte ich für eine Situation, die entstanden ist im Ergebnis des zweiten Weltkrieges und die man, wenn man eine Befriedung unseres Landes erhalten will oder herstellen will, als Ergebnisse der Geschichte zu respektieren haben wird.

Welche Haltung generell wird eine von Ihnen geführte DDR-CDU einnehmen zur Frage der Wiederherstellung alten Eigentums an Grund und Boden, Häusern und Fabriken in der DDR? Einen Schlußstrich ziehen oder restituieren?

Ich denke, das kann man nicht so pauschal sagen. Für die Bodenreform hatte ich es gesagt.

Das heißt, für die Bodenreform sind Sie der Meinung, einen Schlußstrich ziehen, das muß jetzt so bleiben, wie es ist.

Genau so.

Keine Wiederherstellung alten Bodeneigentums in der Landwirtschaft?

Ja. Ich bin der Meinung, daß diejenigen, die 45 Jahre auf diesem Boden gesät haben, auch weiterhin ernten sollen. Etwas anderes wird es sein müssen, wie mit solchem Eigentum, das aufgrund bestimmter Rechtsvorschriften, die sich also auch schon zum Zeitpunkt ihres Erlasses mit DDR-Verfassungswirklichkeit nicht deckten, umgegangen wird. Beispielsweise das Eigentum der widerrechtlich Verzogenen. Unter welchen Umständen dies als Eigentumssituation und Eigentum noch zu betrachten ist. Wobei da die besondere Schwierigkeit besteht, daß ja dieses Eigentum vielfach gutgläubig in das Eigentum neuer Besitzer übergegangen ist. Und dort wird man prüfen müssen, inwieweit ein Gut-Glauben-Schutz gewährleistet werden kann, und ich würde dort dem Gut-Glauben-Schutz einen wesentlich stärkeren Vorrang geben wollen als alten Eigentumsrechten.

Im Zweifelsfalle eher für den neuen Eigentümer?

Im Zweifelsfalle eher für den neuen Eigentümer. Zumal ja die meisten Menschen, die auf diese Weise ihr Eigentum oder ihren Besitz loswurden – Eigentum, das wäre die Frage, die strittig wäre –, in der Bundesrepublik Lastenausgleich empfangen haben und nun meinen, sie könnten unter Zurückzahlung der Beträge, die vielleicht mal in den 50er Jahren festgesetzt wurden und auch auf der Kraft des Geldes von damals beruhten, nun die Ansprüche wieder aufleben lassen. Wobei es heute wahrscheinlich wesentlich leichter ist, 30 000 Mark zurückzuzahlen. Man bedenke, was man damals mit 30 000 Mark erwerben konnte.

Meinen Sie, daß Sie mit dieser Einstellung zur Regelung der Eigentumsfrage eine Mehrheit in der West-CDU finden?

Das weiß ich nicht, aber ich werde ja zunächst meine Meinung dazu haben dürfen, und ich glaube, daß in diesen Fragen allein politische Erklärungen nicht als ausreichend angesehen werden könnten, sondern daß man da also möglicherweise auch eine Absprache mit denen, die darüber zu befinden hätten, treffen müßte. Was nützt mir die politische Erklärung, wenn im ersten Anlauf das Bundesverfassungsgericht eine andere Haltung dazu bezieht und damit eine Lawine von eigentumsrechtlichen Komplikationen und Verwicklungen auslösen würde. Das war das, was ich vorhin sagte. Es wird also eine ganze Reihe von Übergangs- und Harmonisierungsbestimmungen geben müssen, die verhindern, daß die Menschen hier in unserem Lebensraum, in der DDR, die Benachteiligten sind gegenüber solchen, die mit sehr viel stärkerer und größerer wirtschaftlicher Kraft auf einen, wie sie meinen, neuen Markt drängen.

Hand aufs Herz, Herr de Maizière! Denken Sie, daß das mehr als eine gute Absicht werden kann, was Sie da formulieren?

Ja, Sie haben natürlich recht – und da sind wir wieder bei dem Wünschbaren, beim Machbaren angelangt, was ich vorhin gesagt habe. Uud das Machbare hängt eben auch oft mit dem Verhandlungskapital, mit der Macht zusammen, die man hat. Deswegen wird man zumindest nicht aufhören müssen, dieses anzumahnen. Aber ich fände es schon richtiger, wenn wir Regelungen finden. Und ich könnte mir vorstellen, daß da auch ein bundesrepublikanisches Interesse wäre; denn wenn ich nun dies nicht sicherte, dann würde der Erfolg eintreten, daß eben noch ein paar tausend mehr den Weg in dann westliche Länder eines geeinten Deutschlands nehmen. Und ob diese fast Völkerwanderung ein wünschenswertes Ergebnis ist für die heutigen Bundesbürger, das wage ich zu bezweifeln.

Welchen sicherheitspolitischen Status soll ein vereinigtes Deutschland haben? Ein bißchen NATO, ein bißchen entmilitarisierte Pufferzone, also NATO-Truppen bis zur Elbe, keine NATO-Truppen zwischen Elbe und Oder. Oder Ausdehnung des NATO-Bereichs bis zur Oder, ohne daß dort unbedingt auch Truppen stehen müssen? Welchen Status?

Das ist die schwierigste Frage, mit die schwierigste Frage, die ich in diesem Einigungsprozeß sehe. Und ich glaube, daß da auch auf allen Gebieten noch am wenigsten konzeptionell zu erkennen ist, weil wir zehn Jahre oder länger, seit 75, seit KSZE, dies Problem immer eingebettet gesehen haben in die Schaffung einer europäischen Friedensordnung. Und ich denke, daß dieses Ziel keinesfalls aus dem Auge verlorengehen darf. Daß dieses also eine Frage der Schaffung einer europäischen Friedensordnung ist. Aber noch im Herbst konnte man ja denken, daß der deutsche Prozeß und der europäische Prozeß miteinander harmonisierbar wären. Auch, was das Tempo anbelangt. Dies ist offensichtlich nicht mehr der Fall. Und man kann natürlich hoffen, daß nun die sehr viel schneller drehende deutsche Bewegung als kleines Zahnrad das große Zahnrad auch schneller bewegt. Es wird daher Übergangsmodelle zu einer solchen Friedensordnung geben.

Kann ein vereinigtes Deutschland in der NATO sein? Nach Ihrer Vorstellung?

Ja, ich denke, man wird ... wenn auch zunächst sehr unlogisch erscheinende Übergangsmodelle mit Halbe-Halbe oder so was... *Ein bißchen Schwangerschaft.* Ein bißchen Schwangerschaft. Ich weiß keine andere Lösung. Herr Genscher hat eine Möglichkeit beschrieben – ich halte sie im Moment nur für eine denkenswerte Möglichkeit...

Stoltenberg, der Verteidigungsminister in Bonn, hat eine andere, davon eigentlich doch sehr scharf abweichende beschrieben. Stoltenberg (CDU), nämlich: den Geltungsbereich des NATO-Vertrages auch auf die DDR auszudehnen. Und nach Möglichkeit auch NATO-Truppen hier zu haben. Was schwer vorstellbar ist als etwas, das die Sowjetunion akzeptieren kann.

Das halte ich nicht für akzeptabel, und es stellt auch bisherige Theorien meines Erachtens sehr stark in Frage. Denn, wenn ich bisher der Meinung war, daß das Verhältnis ausgewogen wäre und dieses Gleichgewicht des Schreckens oder der Abschreckung ein vernünftiges und so zu gestaltendes wäre, dann kann ich nicht plötzlich die Meinung vertreten, unter Einverleibung eines nicht ganz unwesentlichen Teiles eines bisherigen Bündnissystems würde dieses Gleichgewicht noch immer in gleicher Weise gewahrt bleiben. Denn wenn ich auf die eine Waage mehr drauftue und von der anderen etwas wegnehme, wird man nach der Stellung des Waagzeigers fragen müssen.

Ihre Frau, Herr de Maizière, ist Oberschwester an der Charité. Sie haben drei Töchter, zwei davon im wahlberechtigten Alter. ...und drei Enkel. ...und drei Enkel. Auch Töchter, denke ich, Enkeltöchter. Was vermuten Sie, werden Frau und Töchter CDU wählen?

Ich denke, daß sie unterschiedlich wählen werden. Aber nach dem, was man wählt und wie man sich da verhält, sind wir allzu lange gefragt worden. Ich werde nicht fragen.

Erlauben Sie mir eine letzte Frage, die zu stellen schier unerlaubt ist für den privilegierten Westdeutschen. Seit 1985 gehören Sie zur

Bundessynode der evangelischen Kirche in der DDR. Sie haben in dieser Funktion maßgeblich an Texten mitgewirkt, die zur Wende in der DDR erheblich beigetragen haben. Sie haben als Rechtsanwalt das Ihnen mögliche getan in der Verteidigung von politischen oder quasi politischen Fällen. Dennoch, rückblickend nach Ihrer eigenen Einschätzung: Haben Sie genug, und haben Sie früh genug getan, was getan werden mußte?

Das ist eine Frage, die jeder für sich zunächst selbst beantworten und dann überlegen muß, wie er sie öffentlich beantwortet. Aber ich würde schon ein tapferes Nein sagen wollen.

Also nicht genug und nicht früh genug...

Insbesondere letzteres. Nicht früh genug.

Gregor Gysi

Gespräch vom 27. Februar 1990

Gregor Gysi. Jahrgang 1948. Kind von Emigranten. Kind von Alt-kommunisten. Rechtsanwalt, der Regimekritiker verteidigt, Opposi-tionsgruppen wie das Neue Forum vertreten hat. Seit Ende letzten Jahres Vorsitzender der ehemaligen SED, jetzt der PDS – Partei des Demokratischen Sozialismus. Ein Mann, der weiß, daß lange, sicherlich bittere Jahre der Opposition auf ihn warten. Wird die DDR im Herbst dieses Jahres noch auf Ihren eigenen Beinen stehen, Herr Gysi?

Ja und nein. Im völkerrechtlichen Sinne sicherlich, wirt-schaftlich, währungspolitisch wahrscheinlich nicht mehr vollständig. Aber das steht ja kaum ein Land in der Welt.

Das ist ein schwacher Trost. Ihre Wahlaussage warnt vor einer übereilten Vereinigung. Was Sie jetzt sagen, bedeutet im Grunde – trotz dieser Wahlaussage – eine Kapitulation vor den Fakten. Wer nicht mehr sein eigenes Geld hat, hat den wesentlichen Teil seiner Souveränität verloren.

Es kommt darauf an, wie diese Währungsunion aussehen wird. Ich hoffe ja auch nach wie vor, daß es uns gelingt, zu-nächst einen Währungsverbund herzustellen, der die Souve-ränität keinesfalls aufheben, aber viel an Druck und Last nehmen und auch die Wirtschaft zu höherer Effizienz zwin-gen würde. Jeder Bürger könnte seine Einkünfte in frei kon-vertierbare Währung, also auch in D-Mark, tauschen. Aber es wäre nicht das offizielle Zahlungsmittel, und es würden nicht Konkurse en masse die Folge sein. Deshalb warnen wir ja auch vor einer zu schnellen Währungsunion.

Aber Sie glauben nicht, daß Ihre Warnung etwas fruchtet?

Das kann ich nicht einschätzen, darüber entscheiden die Wähler am 18. März mit und außerdem natürlich die Experten. Und noch liegen die Ergebnisse der Beratungen nicht vor. Ich hoffe, daß sie realpolitisch sind, das heißt, daß man aus ihnen wirklich Risiken, Gefahren und auch Förderndes entnehmen kann, um eine sachgerechte Entscheidung zu treffen.

Ist nicht die realste Realpolitik derzeit, daß das Menschenrecht der Ungeduld von den Menschen in der DDR wahrgenommen wird und daß sie einfach nicht mehr die Kraft, die Vernunft zu Geduld aufbringen? Ist nicht das das Realste, was heute, derzeit die DDR bestimmt?

Ich weiß ja nicht, was d i e Menschen in der DDR sind. Sind das die Demonstranten für eine eigenständige DDR, sind das die Demonstranten für die sofortige Vereinigung? Mir fehlt der repräsentative Überblick. Ich glaube, daß sich 15 Millionen in diesem Land kaum äußern. Und man müßte mal wissen, was sie denken und wünschen.

Was und wie Sie auch antworten, verhaßt, wie Sie als Vorsitzender der PDS, der ehemaligen SED, bei vielen in Deutschland sind, wird sogar Ihr Talent, formulieren zu können, Schlüsse ziehen zu können, gegen Sie ins Feld geführt. Das gilt dann, wie man wahrnimmt, wenn man sich umhört, als Advokatenschläue, als Durchtriebenheit, als Drahtzieherkunst. Wie lebt es sich als Gegenstand solcher feindseligen Stimmungen?

Also für mich schwer, weil ich es ja auch nicht gewohnt bin. Ich bin ja in die Politik hineingeschossen und nicht hineingeboren worden, und ich habe auch keine Zeit gehabt, mich auf eine solche Rolle einzustellen. Aber ich bekomme natürlich auch viel Sympathie, und das baut wieder auf.

Mehr wollen Sie zu dem Verhaßtsein nicht sagen?

Ich weiß nicht genau, woran das liegt. Ich glaube, ich werde als ein Hindernis bei der sofortigen Annexion der DDR durch die Bundesrepublik empfunden, und alle, die

58

diese Annexion wünschen, müssen mir dann auch Gegnerschaft oder Haß entgegenbringen. Und damit muß ich dann einfach leben, weil ich für mich das Empfinden habe, aus politischer Verantwortung heraus zu handeln.

Zurück zur Deutschlandpolitik. Ist es richtig, Herr Gysi, daß der sowjetische Staatspräsident Gorbatschow, als Sie ihn Ende Januar in Moskau besuchten, Ihnen gegenüber den Plan des Bonner Außenministers Genscher – das Territorium der ehemaligen Bundesrepublik solle weiterhin zur NATO-Militärstruktur gehören, das der ehemaligen DDR aber nicht, ebensowenig wie zum Warschauer Pakt –, ist es richtig, daß dieser Genscher-Plan, der dem Grunde nach inzwischen auch von dem amerikanischen Präsidenten Bush im Gespräch mit Bundeskanzler Kohl übernommen worden ist, ist es richtig, daß dieser Genscher-Plan für ein vereintes Deutschland – nennen wir ihn mal so – von Gorbatschow als das Unseriöseste bezeichnet worden ist, das es zur Sicherheitsfrage gäbe?

Das ist nicht ganz richtig, es ist von mir als unseriös bezeichnet worden, und ich hatte den Eindruck, daß er eine ähnliche Einschätzung getroffen hat. Wobei sich das Unseriöse auf die Frage der Praktikabilität bezog. Denn das würde ja zum Beispiel bedeuten, daß in einem einigen Deutschland die Bürger, die auf diesem Territorium leben, nicht zur Wehrpflicht herangezogen werden. Das würde bedeuten, daß Bundeswehrsoldaten dieses Territorium nicht betreten dürften. Ich weiß nicht, wer diese innerdeutsche Grenze dann neu ziehen will. Scheint mir nicht realistisch zu sein.

Also Sie waren es, der im Gespräch mit Gorbatschow dieses – aus solchen Gründen, wie Sie sie eben nennen – als unseriös bezeichnet hat. Stehen Sie dazu, daß Gorbatschow sich auf diese Charakterisierung dieser Absichten so eingelassen hat, daß Sie meinten, er stimmt Ihnen darin zu?

Ich würde mich nicht auf die Vokabel festlegen wollen. Er hat sie nicht benutzt, er hat nur gesagt, daß er diesen Plan auch nicht für realistisch hält.

Wie soll denn nach Ihrer Vorstellung der Status eines vereinigten Deutschlands sein?

Entmilitarisiert auf jeden Fall. Und dann kann er auch neutral sein.

Muß die Entmilitarisierung mit dem Ausscheiden der beiden jetzigen deutschen Staaten aus ihrem jeweiligen Paktsystem beginnen?

Nicht unbedingt beginnen, nein. Entmilitarisierungsschritte kann man auch innerhalb der Bündnisse vornehmen.

Aber das würde heißen: Die Bundesrepublik, die dann ehemalige Bundesrepublik, könne in der NATO verbleiben, aber müsse wie die ehemalige DDR territorial entmilitarisiert werden, d. h. amerikanische Truppen raus. Sowjetische Truppen hier raus.

Das muß ich andersrum anfangen. Wir gehen davon aus, daß zum Beispiel innerhalb einer Konföderation zunächst beide Staaten auch noch Mitglieder ihrer Bündnisse sein könnten. In dieser Zeit wird es auf beiden Seiten auch noch Militär geben. Aber wenn es dann zu einer Vereinigung der beiden deutschen Staaten kommt, dann müßte die Entmilitarisierung zumindest in einem solchen Grade verwirklicht sein, daß das Ende abzusehen ist, und dann wäre, glaube ich, die Zugehörigkeit zu Blöcken auch völlig sinnlos. Vor allen Dingen zu Militärblöcken. Und vielleicht schaffen wir es sogar bis dahin, die Blöcke aufzulösen, denn der Ost-West-Widerspruch hat sich schon stark abgebaut.

Für diese Schlußfolgerung, für diese Möglichkeit knüpfen Sie an an eine langsame, allmähliche Vereinigung, die über den Weg der Konföderation, das heißt über die noch andauernde Zweistaatlichkeit geht. Die DDR läuft leer. Was kann man tun, wenn man redlich die Dinge betrachtet und nicht sich selber belügt?

Das sind so verschiedene Dinge, die da zusammenkommen. Ich glaube, man kann historische Prozesse beschleunigen, man kann sie bremsen, aber man kann sie nicht erzwingen. Und das braucht einfach seine Zeit. Was sich hier 40 Jahre lang auseinanderentwickelt hat auf allen Bereichen, kann nicht über Nacht zusammengenagelt werden.

Und die Konföderation wäre eine Zweistaatlichkeit, aber eine Zweistaatlichkeit, in der beide Seiten ein Stückchen Souveränität bereits an die Konföderation abgeben.

Gut, was kann man aber konkret tun, was kann die Sowjetunion tun, was können die anderen Mächte konkret tun, um den Vereinigungsprozeß auf Stufen zurückzudrehen, das Tempo zu verlangsamen, über Konföderation zur Föderation zu gelangen. Besorgte Interviews von Gorbatschow und Schewardnadse werden nicht ausreichen. Und die Sowjetunion hat genug eigene Sorgen im Haus, es knistert im Gebälk des eigenen Hauses. Welches Kraut ist gegen eine blitzschnelle Währungsunion und gegen das Vertagen aller anderen Fragen gewachsen?

Letztlich nur die Vernunft der Politiker und der Wirtschaftsexperten, die auch den Bevölkerungen klarmachen können, worin die Konsequenzen einer solchen blitzschnellen Aktion bestehen... *Und haben Sie da große Hoffnungen?* Sie sind noch nicht völlig erloschen. Aber selbst wenn es zu einer raschen Währungsunion käme, würde das die Bündnisfragen ja zunächst noch nicht berühren.

Dann sind wir aber wieder bei dem Punkt, daß Gorbatschow Ihnen zustimmt, wenn Sie diese Idee, für das vereinigte Deutschland ein bißchen Schwangerschaft zu haben – nämlich NATO bis zur Elbe und keine NATO-Truppen zwischen Elbe und Oder –, wenn Sie diese Idee bezweifeln. Daher die Frage: Wer dient in welcher Truppe, wenn er in Leipzig wohnt und seine Garnison in Braunschweig ist? Dann sind wir wieder bei diesem Punkt, der derzeit ja vom Westen gerade jetzt in dem Gespräch Bush – Kohl bekräftigt worden ist. Was kann die Sowjetunion tun? Die Sowjetunion ist ohnmächtig.

Ich glaube, man darf die Sowjetunion auch nicht unterschätzen. Die drei anderen der vier Mächte nehmen sie sehr ernst. Und ich glaube auch, zu Recht. Und deshalb sind ja jetzt auch »Zwei-plus-Vier«-Verhandlungen vorgeschlagen worden, eben weil es hier Rechte und auch Sicherheitsinteressen gibt, die zu berücksichtigen sind. Ich finde übrigens auch die Idee der Polen gut, daran teilzunehmen.

Und da läßt sich, glaube ich, noch eine ganze Menge machen. Weil hier einfach viele Interessen zu berücksichtigen sind in Europa, die man nicht über Bord werfen kann. Nur – wenn ich das noch hinzufügen darf –, etwas verstehe ich an dem, was Herr Kohl gesagt hat, wirklich nicht. Ein Politiker, der die deutsche Einheit will und dann zu keinerlei politischem oder militärischem Kompromiß bereit ist – das macht mich irgendwie stutzig. Es ist doch klar, daß die deutsche Einheit nicht zu haben ist und gleichzeitig der bisherige Status – ob das die Grenzfrage ist, ob das die Zugehörigkeit zu einem Militärbündnis ist – in vollem Umfange aufrechterhalten bleiben kann.

Wenn ein vereinigtes Deutschland, Herr Gysi, die polnische Westgrenze an Oder und Neiße förmlich anerkannt haben wird, sind Sie dann in dieser Sache beruhigt, oder argwöhnen Sie, daß auch dann noch, stimuliert durch die vorerst unabsehbar weitergehende Destabilisierung Osteuropas, deutsche Revisionsgelüste – nicht unter allen Deutschen, aber immerhin bei manchen – lebendig bleiben könnten? Trauen Sie den Deutschen?

Ich bin gegen solche undifferenzierten Formulierungen. Ich traue sehr vielen Deutschen, und einigen traue ich nicht. Das gilt auch für andere Nationalitäten. Aber natürlich mache ich mir in dieser Richtung Sorgen, und vor allen Dingen nicht nur ich, sondern auch unsere polnischen Nachbarn. Das Problem ist, wie verhindert man eine Vorherrschaft? Und ich sage mir: eine ökonomische Vorherrschaft Deutschlands wird sicherlich nicht zu verhindern sein, also muß man wenigstens eine militärische Vorherrschaft verhindern. Und wenn Deutschland entmilitarisiert ist, geht von Deutschland auch keine Gefahr mehr aus.

Verwundert es Sie, daß deutsche Mehrheiten immer wieder einmal die Linken im Land als vaterlandslose Gesellen bezeichnen?

Nein. Das hat sicherlich viele Ursachen, eine davon ist, daß die Linken auch immer Schwierigkeiten hatten mit der nationalen Frage – das müssen sie sich schon berechtigt vorwerfen lassen.

Woran liegt das?

Das liegt an ihrem Internationalismus, der zwar die nationale Frage nicht ausschließt, der es aber für die Linken immer schwergemacht hat.

Für kommunistische Linke schwerer als für sozialdemokratische Linke?

Sicher.

Sehen Sie darin einen Mangel an Linkssein unter den Sozialdemokraten?

Nein, das ist für mich nicht das Entscheidende. Das Entscheidende ist, wie konsequent ich auch in sozialen Fragen, in Wirtschaftsfragen, in ökonomischen Fragen bin und – das ist nun in den letzten Jahren, Jahrzehnten hinzugekommen – in Fragen des Verhältnisses zur Dritten Welt. Findet man sich damit ab, daß ein Land auf Kosten der Dritten Welt lebt, oder findet man sich damit nicht ab, selbst wenn es nicht besonders populär ist, sich damit nicht abzufinden.

Was ist für Sie der entscheidende Unterschied zwischen Kommunismus und Sozialdemokratismus? Heute.

Das ist ganz schwer für mich zu beantworten, weil wir vorher definieren müßten, was Kommunismus ist. Wenn Sie damit beispielsweise den stalinistischen meinen, ist das eine völlig andere Antwort als die... *Ich hatte gefragt nach dem Unterschied heute*... Wir sind ja eine Partei – deshalb fällt mir das auch schwer –, die versucht aus beiden Strömungen die Theorien und theoretischen Aussagen kritisch zu übernehmen und für die heutige Zeit anwendbar zu machen. Ich will mich da gar nicht zwischen beidem entscheiden müssen, weil beide Strömungen in der Arbeiterbewegung viel hervorgebracht haben. Was nun speziell unser Verhältnis zur Sozialdemokratie betrifft, sehe ich den Unterschied sicherlich z. B. in Fragen des Sozialismusbegriffes überhaupt, in Fragen der Anerkennung oder Nichtanerkennung von Gesellschaftskonzepten und Gesellschaftstheorie, auch in Fragen der Bereitschaft oder Nichtbereitschaft zu partnerschaftlichem Verhältnis, in der Art und Weise des Herangehens an die deutsche Frage – da gibts also mehrere Dinge.

Lassen Sie uns im Grundsätzlichen, im Theoretischen bleiben. Wo ist der Unterschied zwischen dem demokratischen Sozialismus, den die PDS propagiert, für den sie eintritt, und dem, den linke Sozialdemokraten propagieren?

Also der ist, glaube ich, ziemlich gering. Aber bei den anderen Sozialdemokraten, also den weniger linken, da wird dieser Unterschied natürlich groß, ich glaube aber, er läuft auf folgendes hinaus: breite Teile der Sozialdemokratie wünschen einen reformierten, ökologischen, auch sozialen Kapitalismus, und wir wünschen einen reformierten, ökologischen, sozialen Sozialismus.

Das sind Lehrformeln.

Ja, sicher.

Was ist Sozialismus?

Nun, das hängt natürlich mit Eigentumsfragen und Strukturen zusammen. Es ist also die Frage: akzeptiere ich, wünsche ich, fordere ich, kämpfe ich um eine Dominanz gesellschaftlichen Eigentums oder nicht. Das heißt um die Frage der Vergesellschaftung der Produktionsmittel, wenn es schon theoretisch ist, wobei eben der Mangel des stalinistischen Systems darin bestand, daß er nie wirklich Volkseigentum geschaffen hat, sondern Staatseigentum.

Aber wenn Sie jetzt, nach Überwindung dieser stalinistischen Mängel, beim Volkseigentum, bei der Vergesellschaftung des Eigentums bleiben, werden Sie kein Geld kriegen, vom anders organisierten Westen. Dann bleiben Sie ein Armenhaus. Dann müssen Sie akzeptieren, daß die Menschen Ihnen weglaufen, oder Sie müssen sie zu ihrem Glück zwingen. Das hat man versucht. Wäre es Ihnen angenehmer, wenn Sie in einer Lage, in einer Funktion sich befänden, wo Sie auf eine solche Zuspitzung hin sagen könnten: ja, das ist wahr, ich bin auch ratlos.

Ich muß das zunächst ein bißchen korrigieren. Von Dominanz habe ich gesprochen, nicht von dem alleinigen Eigentum an … *Ich habe zugespitzt, aber die Kapitalgeber werden*

auch zuspitzen, wenn sie die Profitrate bedenken... Erstens sind
wir auch für einen starken Sektor an privater Industrie, also
auch an privaten Betrieben, Dienstleistungen usw., insbesondere in der Klein- und Mittelindustrie. Wir sind auch
für gemischte Eigentumsformen, und wir sind auch dafür,
daß Kapitalbeteiligung in volkseigenen Betrieben stattfindet. Wir sind aber für eine bestimmte Dominanz des gesellschaftlichen Eigentums, allerdings im Sinne einer wirklichen Vergesellschaftung, also einer breiten Arbeiterdemo-
kratie, Mitbestimmung über Produktion, Verteilung, Ge-
winnbeteiligung und von ähnlichem, damit auch das soziale Netz dicht geknüpft bleibt oder vielleicht noch dich-
ter geknüpft werden kann und damit – wenn ich jetzt mal
theoretisch sein darf – zwischen den verschiedenen Eigentumsformen ein solcher Interessenausgleich und Wettbe-
werb stattfindet, daß die herrschenden Interessen nicht länger so sehr den globalen Menschheitsinteressen widersprechen, wie das gegenwärtig der Fall ist. Und eine Zuspitzung wünschen wir natürlich nicht, und ein Zwang zum
Glück kommt für uns nicht mehr in Frage. Also – für diese
Partei des Demokratischen Sozialismus nicht.

*Sie haben eine Vision, eine Utopie, formuliert und jene, die sagen,
ohne Utopie, ohne Vision ist der Mensch auch ein Krüppel, werden
Ihnen zustimmen, vielleicht nicht inhaltlich, aber darin, daß der
Mensch das braucht. Ist die Realität nicht, daß die Mehrheit der
Menschen das keineswegs brauchen und sich davon belästigt fühlen?
Ich habe das schon einmal in dieser Interviewreihe den Pfarrer
Schorlemmer gefragt. Ist es nicht auch ein Menschenrecht, unter
Selbstbestimmung, unter Freiheit zuallererst die Freiheit des Kon-
sums, des Gut-Lebens zu verstehen und sich nicht zu kümmern um
die Probleme der Dritten Welt, weil man dafür auch nicht ausgebil-
det und gebildet worden ist von den bisherigen Gesellschaften, weil
man dafür nicht geartet ist. Die Mehrheit der Westdeutschen ist ca-
ritativ ganz auf der Höhe: ich teile dennoch nicht die Hoffnung der
Politiker in der Bundesrepublik, daß die Mehrheit der Westdeutschen wirklich problembewußt wären gegenüber dem Nord-Süd-Ge-*

fälle. Ist nicht das, was Sie formulieren, schon wieder an den Menschen, am alten Adam, der alten Eva vorbeiformuliert?

Also zunächst mal machen wir doch nicht mehr als Angebote. Wenn sie nicht angenommen werden, müssen wir lernen, damit zu leben, aber uns kann ja niemand das Recht absprechen, Angebote zu unterbreiten. Auch Politikangebote, auch Visionsangebote. Inwiefern und von welchen Mehrheiten sie geteilt oder nicht geteilt werden – das ist die Entscheidung anderer, und das hängt vielleicht auch von unserer Fähigkeit ab, die Dinge hinüberzubringen. Ich will aber nicht glauben, daß der Mensch an sich schlecht ist. Ich will nur glauben, daß der Mensch unter sehr verschiedenen Bedingungen aufwächst und daß er dadurch auch sehr unterschiedliche Gefühle und sehr unterschiedliche Gedanken mit hineinbringt in die Welt. Und jeder, der zumindest eine Vision hat, an die er glaubt, bekommt natürlich auch ein Stückchen Sendungsbewußtsein und versucht darum zu ringen. Und wenn er das auf eine demokratische Art und Weise tut, dann ist er für mich ein starker, ein sehr akzeptabler Mensch. Und die materialistischen Dinge, die widersprechen ja unserer Theorie nicht. Ich meine, Brecht hat das sehr gut formuliert... *Es hat nur nicht funktioniert...* Das ist eine andere Frage. Es hat nicht funktioniert, weil es so, glaube ich, auch nicht versucht worden ist.

Ich habe den Menschen, wie ich ihn beschrieben habe, nicht als schlecht bezeichnet, sondern als den Menschen, wie er ist. Wertfrei. Und Sie werten, was man vielleicht tun muß, wenn man Sendungsbewußtsein hat und Politiker ist. Aber gefällt es Ihnen, daß dieses sein muß, damit Sie das tun können, was Sie übernommen haben, oder sind Sie jemand, der das eigentlich lieber ein bißchen aus Distanz sehen würde, nur hat er die Distanz eingebüßt, weil er sich verpflichtet gefühlt hat, Parteivorsitz zu übernehmen.

Sicher, ich wollte übrigens auch gar nicht bewerten, dann habe ich einfach Ihre Frage falsch verstanden, denn ich wehre mich gegen solche Bewertung. Ich hatte ja immer viel mit dem Individuum zu tun... *Das ist wahr.* ...und das ist es eigentlich, was mich interessiert hat: die Bedingungen, unter denen Menschen so werden, wie sie geworden sind. Daraus entwickeln sich dann natürlich auch Vorstellungen, auch Visionen, aber das war eigentlich nie mein Haupttätigkeitsfeld, das stimmt.

Gut. Aber jetzt sind Sie, was Sie sind. Sie haben eine Funktion übernommen, als Sie Ende vergangenen Jahres Vorsitzender der damaligen SED, jetzt PDS, Partei des Demokratischen Sozialismus, wurden, eine Funktion, die, nach meinem Eindruck, ans Selbstzerstörerische grenzt. Spielte dabei auch − neben den politischen Gründen, auf die wir sicher noch kommen −, spielte dabei auch persönlicher Ehrgeiz, die Lust an der öffentlichen Rolle, mit, als Gregor Gysi dieses Amt übernahm?

Also das müßte dann so tief in mir stecken, daß ich es selber nicht gemerkt habe. Aber ich kann's natürlich nicht ausschließen. Eins spielte ganz sicherlich auch psychologisch eine Rolle. Wenn man über Jahre einen Beruf ausgeübt hat, der darauf gerichtet ist, dem Schwachen gegen ein relativ starkes System... *Sie reden jetzt von Ihrer Zeit als Ostberliner Rechtsanwalt?* Ja, dann kriegt man auch sofort wieder ein Solidaritätsgefühl, wenn eine solche ganze Bewegung schwach wird. Es ist völlig anders als zu der Zeit, als sie stark war.

Sie sind ein Deutscher mit teilweise jüdischer Herkunft. Haben Sie, seitdem Sie Parteivorsitzender geworden sind, gelegentlich zu spüren gemeint, daß unterschwellig auch antisemitische Stimmungen gegen Sie gerichtet sind? Sozusagen − eine rote Ratte und die auch noch jüdisch versippt?

Aus der Bundesrepublik, ja. Von den Medien »Spiegel« der Drahtzieher. Ziemlich eindeutig. Und so was gabs auch in anderen Medien. Aus der DDR, zumindest persönlich, nicht. Bisher.

Zwei Fragen in einem: Was bedeutet Ihnen, ein Deutscher zu sein, und ist das, was es Ihnen bedeutet, ein Nationalgefühl?

Das ist eine sehr schwere Frage. Das hängt mit der Entwicklung dieses Landes zusammen. *Deutschland oder DDR?*

Ja, mit diesem Land DDR. Man hat da so eine Art Negativ-DDR- Bewußtsein, aber es war irgendeine Art DDR-Bewußtsein, und es ist auch noch da. Natürlich bin ich Deutscher. Der Begriff ist historisch so unterschiedlich belastet, und ich finde, viele machen es sich sehr einfach, indem sie sich die Rosinen aus dieser Geschichte herauspicken. Das kann ich natürlich auch, von Goethe über Schiller, und in dem Sinne bin ich also Deutscher, und bin es auch gerne, und die anderen Seiten lasse ich mal weg. Seine Nationalität kann man sich nicht aussuchen, und ich finde, man muß versuchen, dazu ein Gefühl, ein Verhalten und ein Verständnis zu finden, aber man sollte es nie überbewerten. Mich interessiert z. B. an einem anderen Menschen die Nationalität – ich will nicht sagen, als letztes, aber vielleicht als vorletztes.

Ist Ihnen das Nationalgefühl, das seit Wochen in Leipzig und anderswo in der DDR demonstriert wird, unbehaglich, unbegreiflich?

Also, unbegreiflich, würde ich nicht sagen.

Was begreifen Sie davon?

Ich begreife davon, daß – wenn man ein Volk einsperrt, 28 Jahre lang, und dann öffnet man die Grenzen, und die wirtschaftlichen und finanziellen Bedingungen sind so, daß diese Menschen keine Möglichkeit haben, sich Europa zu erschließen, sondern nur die Bundesrepublik –, daß sie dann erst mal sehr deutsch werden, ein Teil von ihnen. Das begreife ich. Und das verstehe ich auch, aber ich sehe darin natürlich auch Gefahren. Weil zwischen national und nationalistisch hier ein ganz schmaler Pfad liegt, und ich habe das Gefühl, er ist bei einigen überschritten.

Verstehen Sie die Wut der Leute auf die SED, und was ist in dieser Wut alles drin?

Das verstehe ich, und ich glaube, ich bin manchmal wütender als andere. Ich habe etwas mehr darunter zu leiden, und außerdem bin ich auch unmittelbarer mit den Folgen konfrontiert. Da ist natürlich vieles drin. Aber da ist auch etwas drin, was hineingetragen wurde und was so nicht gerechtfertigt ist. Das ist nämlich dieser Satz: Ihr seid vierzig Jahre lang belogen und betrogen worden, was ja für die Menschen übersetzbar ist, nämlich in: Ihr habt euch vierzig Jahre lang betrügen und belügen lassen. Ein Unfähigkeitszeugnis wird ihnen ausgestellt, ein Feigheitszeugnis. Und damit kann man das Selbstbewußtsein von Menschen zerstören. Und wenn man das zerstört, dann greift der Mensch nach Strohhalmen, und dazu gehört auch, das man einen anderen sucht, der daran schuldig ist. Und wenn es nun gar keinen anderen gibt, dann kann man auch den Gysi nehmen. Besser ist natürlich, man hat noch geeignetere Subjekte dafür – und vor allen Dingen auch Objekte. Aber viele machen es sich zu leicht, und es stimmt ja auch so nicht. Die vierzigjährige Geschichte ist sehr differenziert zu betrachten. Sie läßt sich weder insgesamt verurteilen, geschweige denn bejubeln, das nun also auch nicht – keinesfalls. Aber es braucht offensichtlich noch eines bestimmten historischen Abstands, um das differenziert zu beurteilen, aber ich wende mich mit aller Entschiedenheit, aber ziemlich erfolglos, dagegen, daß immer wieder das Selbstbewußtsein dieser Bevölkerung völlig zerstört wird. Und wenn so ein Pflänzchen irgendwo entsteht, finden sich Medien, auch in der Bundesrepublik, und treten drauf, machen es wieder kaputt. Das ist eigentlich schade.

Ihre Eltern waren in der Emigration, Ihr Vater kam noch vor Kriegsende nach Deutschland zurück, um als Kommunist Widerstand gegen das NS-Regime zu leisten. Sie sind, Gregor Gysi, 1948 in Berlin geboren, Ihre Eltern sind hochgebildete Kommunisten, Ihr Vater war u.a. Verlagsleiter, Kulturminister, Botschafter. Um welches Ideal, von denen, unter welchen Sie mit einem solchen Elternhaus aufgewachsen sind, trauern Sie am meisten, weil es in der Realität keinen Bestand hat?

Das sind zwei Dinge. Das ist zunächst, daß sie sich ja als Befreier der Menschen gefühlt haben und doch vielleicht gehofft hatten, im Alter dafür auch Ehre, Anerkennung, weiß ich was, zu finden, also auf ein Werk zurückblicken zu können, auf das sie stolz sein können, und das ist ihnen doch zu beachtlichen Teilen genommen worden. Und das ist zum zweiten, daß diese Entwicklung in den letzten Jahren – die Strukturen sind ja schlimmer geworden – dazu geführt hat, daß die Führer dieser alten SED einen ganz wesentliche Beitrag zum Antikommunismus geleistet haben, was sie sicherlich subjektiv nicht gewollt haben. Aber das ist dabei herausgekommen. Und das tut auch weh.

Wenn Sie mit Ihrem Vater sprechen, gibt es dann Verlegenheit untereinander, weil die Gesprächspartner wissen, daß man – da mal und dort mal – sich damit getröstet hat, daß man das hinnehmen müsse wegen des großen Ganzen. Gibt es solche Verlegenheit, müßte es nicht – um von der persönlichen Situation wegzuführen –, müßte es nicht in Deutschland, und zwar in beiden deutschen Staaten, jetzt sehr viel Verlegenheit geben?

Die gibt es vielleicht auch. Es ist nur die Frage, wie man sich dazu stellt. Und ich habe doch meine Eltern immer gemocht, ich bin auch gar nicht bereit, sie in irgendeiner Form zu verleugnen, aber wir haben uns natürlich auch sehr viel gestritten, in meiner Studentenzeit und danach. Und ich glaube, das hat auch nicht nur das Verhältnis geprägt, sondern hat auch bei ihnen, auch bei meinem Vater, zu einer bestimmten Besonnenheit geführt, er paßte nie ganz in das Klischee hinein, in das er hineingepaßt werden sollte, das hat ja auch zu den vielen Wechseln geführt, und trotzdem hat er irgendwie das auch mitgemacht. Und es gilt vielleicht ja auch für mich, aber in natürlich wesentlich eingeschränkterer Form. Und das ist eben dann die große Frage, vor der wir stehen in solchen Zeiten. Ich will versuchen Ihnen das mal an mir zu erklären. Also da gab es Momente, wo ich mir gedacht habe: Gehst du jetzt als Anwalt an die Öffentlichkeit? In den 80er Jahren. Nach 85, vorher nicht. Und damit erreichst du auch eine bestimmte Wirkung. Aber du bist nicht mehr Anwalt, und derjenige und diejenige haben nicht mal mehr dich in ihrem kommenden

Prozeß als Schutz, als Hilfe. Natürlich hätte es irgend jemand anderes gegeben...

Sie haben Dissidenten wie Bahro 1978 mannhaft verteidigt, Sie haben Oppositionsgruppen wie das Neue Forum vertreten. Was Sie jetzt sagen, kann man auch so formulieren, daß viele immer wieder einmal im Laufe der Geschichte – und nicht nur in Deutschland, aber wir reden jetzt hier unter Deutschen –, immer wieder einmal mitgemacht haben, um Schlimmeres zu verhüten.

Na ja, mitgemacht ist für den Anwaltsberuf nicht ganz richtig, aber im Prinzip ist die Frage schon berechtigt. Für den Anwaltsberuf stimmt es nicht ganz, der macht ja in dem Sinne nicht mit. *Wenn Sie sich also dieses gefragt haben, was war dann Ihre Antwort?* Aber natürlich hatte es ja auch eine Öffentlichkeitswirksamkeit; ein bißchen habe ich mich auch darauf verlassen, heute sage ich mir, es wäre vielleicht zu einem bestimmten Zeitpunkt richtiger gewesen, es anders zu machen. Aber ich bin nicht sicher, weil es immer schwer ist – auch für das eigene Leben –, rückwirkend Fragen zu beantworen, weil man auch nicht weiß, wie es gelaufen wäre. Ich weiß nur eins, daß noch etwas Wichtiges ab 85 hinzukam, auch bei vielen Mitgliedern dieser Partei: daß sie nämlich gesagt haben, jetzt muß die Veränderung kommen, laßt uns noch sechs Monate warten, der Kurs von Gorbatschow ist so überzeugend, so wahr, so ehrlich, Glasnost, Perestroika – all das brauchen wir auch in der DDR, dagegen kann man sich nicht lange sträuben. Daß es dann immerhin noch vier Jahre gedauert hat, damit hat am Anfang niemand gerechnet.

Niemand kann, ich jedenfalls kann nicht, in eines Menschen Herz sehen. Ich kann nur fragen. War auch Opportunismus, Bequemlichkeit mit im Spiel, wenn Sie durchgehalten haben, mitgemacht haben, weitergemacht haben?

Sicher. Sicher auch. Das gesteht man sich nur nicht so gerne ein. Man findet natürlich noch andere schöne Gründe, aber sicherlich wird das auch eine Rolle gespielt haben.

Also – von diesen Gründen, die Sie einräumen, abgesehen, was bewirkt – von diesen auf der Hand liegenden Gründen, Opportunismus, Feigheit, wenn es sehr schlimme Zustände sind, abgesehen –, was bewirkt, daß Menschen, Mitglieder kommunistischer Parteien, schwere Fehler, grundlegende Mängel, radikale Fehlentwicklungen erkennen und dennoch treu an der Partei, sogar an der Verkörperung der Partei durch Stalin, festhalten. Was – und jetzt reden wir nicht von den opportunistischen Gründen, sondern von der Überzeugung –, was setzt Menschen instand, das zu tun?

Das sind, glaube ich, zwei Dinge. Das eine ist die Überzeugung von sozialistischen Idealen, die sie einfach nicht aufgeben, bei allen Deformationen nicht aufgeben. Und das zweite ist, daß die Betrachtung der übrigen politischen Parteienlandschaft sie immer wieder zu der Erkenntnis führt, daß sie sagen, das kann alles die Lösung nicht sein. Es hat keinen Sinn, wir müssen weiter an den sozialistischen Idealen arbeiten, und wir dürfen uns davon nicht abbringen lassen. Das ist tatsächlich für d i e s e Bewegung sehr zutreffend, was keine andere Bewegung so für sich verzeichnen kann.

Aber ist es nicht auch, vielleicht wie beim Nationalisten, eine Deformierung des Menschen, wenn er sich so bedingungslos einer Überzeugung hingibt. Und ich räume ein, Überzeugung, aber die Bedingungslosigkeit, ist das nicht eine Deformierung des Menschen? Eine Selbstdeformierung, wenn Sie so wollen!

Ja, aber ich glaube das nicht. Es ist meines Erachtens keine Deformierung, eine Überzeugung zu haben und auch an ihr festzuhalten. So bedingungslos sehe ich das nicht, das war es auch nie. Sehen Sie, diese Partei wird ja viel zu einheitlich dargestellt. Ich versuche das immer an folgendem Beispiel klarzumachen: Es waren Mitglieder dieser Partei – d i e Partei gibt es sowieso nicht, es sind ja immer irgendwie Menschen –, die zum Beispiel die Filme verboten haben, aber es waren auch Mitglieder dieser Partei, die diese Filme gedreht haben. Das wird dabei immer unterschlagen, und so spielte sich sehr vieles in diesem Land ab. Es waren eben Mitglieder dieser Partei, die angeklagt und verurteilt haben, und es waren Mitglieder dieser Partei, die am konsequentesten verteidigt haben. Und das gilt wirklich in sehr vielen Bereichen, und jetzt haben die, die damals mit unterschiedlichem Mut, mit unterschiedlichem Standvermögen, aber doch für eine Reform im Interesse des sozialistischen Ideals – nicht zu seiner Beseitigung – gekämpft haben, die Oberhand gewonnen. Das ist kein schlechtes Gefühl...

Führt einen aber in eine Minderheit!

Ja.

Freiheit und Gerechtigkeit, Herr Gysi. Der Politiker jeder Couleur sagt, sie können nur zusammen auftreten: wenn Gerechtigkeit herrscht ohne Freiheit, dann ist es nicht gerecht, und wenn Freiheit herrscht ohne Gerechtigkeit, dann ist es nicht Freiheit. Lassen Sie uns mal diesen Teil ihrer Antwort überspringen. Was ist Ihnen innerlich – Ihrem Sendungsbewußtsein nach, von dem Sie gesprochen hatten, Ihrem Herzen nach –, was ist Ihnen vorrangig? Daß es sozial und nicht nur sozial, aber betont sozial, an schwache Menschen denkend, gerecht zugehen möge? Oder daß die individuellen Freiheitsrechte die absolute Priorität haben? Sie haben verzichtet, dankenswerterweise, auf den Vorspruch, den alle Politiker aller Parteien bei einer solchen Frage machen.

Ich muß die Frage unterschiedlich beantworten. Wenn ich an die Mehrheit der Menschen auf dieser Welt denke, dann ist die soziale Absicherung das Entscheidende, das Vorrang haben muß. Weil vor politischen und individuellen Rechten und Freiheiten zunächst nur die Chance zum Überleben besteht, vor Hunger, vor Armut. Wenn ich an mich denke, der sozial noch nie ungesichert gelebt hat, spielt natürlich die individuelle Freiheit eine viel größere Rolle, aber das ist egoistisch betrachtet.

Wo beginnt das Recht des Politikers, wegen globaler Probleme, wegen des Hungers in Afrika, Freiheitsrechte unter den wohlhabenderen Menschen zu beschneiden?

Ich bin im Augenblick nicht sicher, ob eine Beschneidung von Freiheitsrechten erforderlich ist, um mehr gegen den Hunger und die Armut in der Welt zu tun, wenn Sie nicht unter Freiheit verstehen, daß es z. B. keine Eingriffe in Vermögensverhältnisse o. ä. geben darf. Das würde ich aber so nicht unbedingt sehen. Außerdem – die Lösung dieses Problems, oder wenigstens der Beginn der Lösung dieses Problems, liegt doch auch im Interesse derjenigen, denen es gut geht. Denn wenn dieser Nord-Süd-Konflikt sich weiter zuspitzt, dann werden wir die Rechnung eines Tages alle sehr, sehr teuer bezahlen. *Nach uns die Sinnflut...* Ja, das ist natürlich nicht mein Lebensstil. Und ich finde, das steht auch einem Politiker nicht zu. *...das einzuräumen?* Nicht nur das, es so zu denken.

Worin haben Sie sich bisher als Parteivorsitzender überschätzt und was war Ihr bis heute schwerster Fehler, als Parteivorsitzender?

Ach Gott, das waren so viele, wenn ich jetzt versuchen sollte, die schwersten herauszusuchen... Ich glaube, der schwerste bestand darin, daß ich die Aufgabe unterschätzt habe, richtig restlos unterschätzt... *Sie kamen da in dieses ZK-Gebäude, und da war ein Apparat, und da kam der Rechtsanwalt Gysi...* Und ich kannte niemanden. Und mich kannten nun inzwischen alle. Und ihre Meinung zu mir war sehr differenziert. Und ich habe überhaupt nicht daran gedacht, was es da alles noch so gibt – mal abgesehen von den Dingen, die ich gewußt habe: Akademie, Parteihochschule, Institut. Und dann kam noch vieles hinzu, wovon ich nichts gewußt habe. Und dann begann ein Prozeß der restlosen Überforderung, wo ich dann auch nicht mehr wußte, wem kann ich noch trauen, wem kann ich nicht trauen. Wer versucht dir hier ein Bein zu stellen? Wer meint es ehrlich? Meine psychologischen Kenntnisse diesbezüglich begannen zu versagen. Und da hatte ich eigentlich auch immer nur die Wahl zwischen zwei Fehlern. Und ich wußte immer nicht genau, welcher ist der schlimmere. Und da stellte ich fest, daß ich z. B. viel mehr Berater brauche, daß man das Ganze irgendwie anders aufbauen muß, daß ich viel mehr an die Basis muß, versuchen muß, die Stimmung dort kennenzulernen, um von unten nach oben etwas zu verändern. Und nicht umgekehrt. Daß das umgekehrt auch gar nicht funktioniert. Diese Erkenntnisse reiften. Ich meine, ich hatte wenig Zeit, sie reiften immer so innerhalb von 48 Stunden – irgendeine neue Erkenntnis. Und da haben mir dann die Initiativgruppen sehr geholfen. Die haben vieles bewegt. Und sie haben dieser Partei auch eine völlig neue Atmosphäre verliehen und ein neues Bild geprägt.

Sie haben die Schwere der Aufgabe unterschätzt. Worin haben Sie sich überschätzt? Falls Sie das getan haben...

Na, sicherlich in der Fähigkeit, diese Aufgabe relativ schnell zu lösen. Ich habe mich z. B. überschätzt in der Fähigkeit, so einen Apparat zu leiten und in seinen Strukturen zu verändern. Das hat sich als wesentlich schwieriger herausgestellt, als ich es mir vorstellte, und ein bißchen habe ich mich also auch überschätzt.

Ich kenne eine Äußerung von Ihnen, nicht öffentlich, aber gut belegt, wonach Sie sich Anfang Februar doch mal gefragt haben, warum Sie sich das alles aufbürden und ob Sie nicht den Krempel hinschmeißen sollten. Was könnte Sie zur Resignation veranlassen?

Das weiß ich nicht, weil ich nicht weiß, was alles noch auf mich zukommen kann. Aber natürlich, wenn ich das Gefühl habe, insbesondere von den Erneuerern, auch von den jungen Mitgliedern oder gar von den Antifaschisten in dieser Partei nicht mehr getragen zu werden. Das würde mich auf jeden Fall dazu bewegen. Aber es könnten auch andere Dinge sein. Daß ich einfach merke, daß ich in eine Rolle gedrängt werde, die ich nicht auszufüllen vermag. Oder daß die Partei in eine Richtung gedrängt wird, die nicht mehr meine ist. Aber das kann ich jetzt schlecht vorhersagen. Die gut belegte Äußerung bezieht sich nicht auf Anfang Februar. Die müßte sich eigentlich mehr so auf Mitte Januar beziehen...

Die, die ich kenne, bezieht sich auf die Schwierigkeiten, die es machte, alle SED-Genossen, die im Ministerrat waren, davon zu überzeugen, daß sie möglicherweise ihre Ministerämter abgeben müßten, um Ministern, die vom Runden Tisch entsandt werden, Platz zu machen. Das ist dann nicht nötig gewesen. Die Minister vom Runden Tisch sind ohne Portefeuille in den Ministerrat gekommen. Darauf bezieht sich meine Äußerung. Dann haben wir jetzt schon zwei. Gibt es noch mehr, wo Sie manchmal gedacht haben: Jetzt reicht's mir.

Diese Partei war ja in einem – glaube ich – in der deutschen Parteiengeschichte einmaligen Zustand. Sie war, nachdem auch Wolfgang Berghofer gegangen war, in einem wirklichen Auflösungszustand. Und die Menschen in dieser Partei hatten eine wahnsinnige Angst, eine richtige Angst – zum Teil sogar physische Angst. Sie wollten aber gerne mit Anstand raus, d. h. die große Bitte: Lösen wir uns auf, damit ich nicht selbst gegangen bin; sie ist über mich gekommen, die Auflösung. Das ist ja – glaube ich – sehr verständlich. Aber natürlich bei anderen auch wieder der große Wunsch, nicht unterzugehen. Und das war eine Situation, das war eine wirkliche Überforderungssituation, weil es einfach um menschliche Schicksale ging. Da ging es nicht mehr um Politik. Und da hatte ich das Gefühl, es wäre eigentlich besser, du hättest diese Verantwortung nicht übernommen. Aber ich habe mich ihr gestellt und bereue das auch nicht – in dieser Phase, meine ich jetzt. Ich bereue auch unsere Entscheidung nicht.

Die antisowjetischen Schmierereien am Ehrenmal in Treptow… Von denen glauben viele, nehmen viele an – nicht nur Leute, die, wenn es um die SED geht und um den Stasi, ohnehin nur das total Schlimme annehmen –, daß es eine Provokation von Stasileuten war, um antifaschistische Kräfte für die SED zu mobilisieren. Herr Rechtsanwalt, können Sie mit an Sicherheit grenzender Wahrscheinlichkeit ausschließen, daß es so gewesen ist?

Darf ich Ihnen darauf zwei Antworten geben?

Bitte sehr!

Erstens: Was ich von der Ermittlungstätigkeit weiß, ist zumindest, daß nachgewiesen ist, daß es sich um Spraydosen aus Westberlin handelte und daß dort auch bestimmte Rechtsradikale in Kneipen mit Stolz geäußert haben, daß sie es waren. Ich kann es Ihnen nicht belegen. Das ist das, was ich weiß und gehört habe. Zweitens: Selbst wenn es so wäre, macht es für mich keinen Unterschied. Es ist in beiden Fällen blanker Antisowjetismus, blanker Antisemitismus – kam ja auch vor auf den Losungen. Und wissen Sie, aus welcher Motivation heraus jemand so etwas begeht, ändert für mich nichts an dem notwendigen Kampf dagegen.

Aber war die Art, wie die Demonstration dann ablief, nicht...

...entsprach nicht unseren Vorstellungen. Sie haben das heute nicht mehr... Deshalb waren wir danach ja auch sehr zögerlich. Sie haben ja vielleicht auch festgestellt, daß wir keine Demonstration mehr gemacht haben. Es gab da Rufe und auch Reden, die uns überhaupt nicht gefallen haben. Bloß – so kommt es eben, wenn die Zeiten vorbei sind, wo man bestimmen konnte, wie so eine Demonstration und Kundgebung abzulaufen hatte. Wir haben ja auch keine Rede vorher gesehen, das ist ja ganz korrekt. Die Sache hat mir auch nicht gefallen.

Herr Gysi, was denken Sie von den Staatsanwälten der DDR – einst allesamt SED-Genossen –, die heute die einst mächtigen des Regimes verfolgen, als hätten Sie, die Staatsanwälte, das Persil erfunden...

Ja, wissen Sie, da bringen Sie mich in eine schwierige Situation. Ich will Ihnen auch sagen, weshalb. Ich habe dazu eine klare Meinung. Ich habe Schwierigkeiten, darauf zu antworten, weil das als Einmischung in Angelegenheiten der Justiz gerade durch meine Partei aufgefaßt werden könnte. Und mit dieser Einmischung ist sie großgeworden. Und ich versuche sie radikal zu beenden. Sie ist radikal beendet. Ich möchte dazu, sagen wir mal, nur das sagen, was ich in meiner offenen Antwort an Bärbel Bohley und Katja Havemann geschrieben habe.

*Erlauben Sie mir eine letzte Frage! In welcher Verfassung befin-
den sich nach Ihrer Erwartung das westliche System und der Rest
der Welt im Jahr 2000?*

Also, ich gehe davon aus, daß wir uns zu dieser Zeit bereits auf dem dritten Weg befinden. Er ist die einzige Lösung für die globalen Menschheitsfragen. Es geht nicht
weiter so mit dem Kapitalismus und schon gar nicht mit
dem stalinistischen Sozialismus. Wir brauchen den dritten
Weg. Und für mich ist es der demokratische Sozialismus –
die Chance für die Menschheit.

Ingrid Köppe

Gespräch vom 6. März 1990

Heute die erste Frau in meiner Sendereihe »Zur Person«. Ingrid Köppe, Jahrgang 1958, Bibliothekarin in Ostberlin. Mitglied des Neuen Forum. Frau Köppe gehört zu jenen, die seit Jahren widersprochen haben in der DDR, von der Norm abgewichen sind, Widerstand geleistet haben. Damit gehört sie auch zu jenen, die in den letzten Wochen fast schon in Vergessenheit geraten sind. Ingrid Köppe, eine junge Frau, geboren 1958 in Ostberlin, inmitten einer historischen Umwälzung. Unvertraute Freiheiten, ungewohnte Verantwortungen stehen ins Haus. Fühlen Sie sich eher beklommen, Frau Köppe, oder freudig-erwartungsvoll?

Beides, glaube ich. Beklommen, weil es doch recht ungewiß ist, wie es in Zukunft sein wird, aber auch freudig-erwartungsvoll, einfach weil ich immer neugierig bin auf Zukunft.

Wenn man versucht, Ihr politisches Bewußtsein zu erkennen, ihre Motive zu ergründen, dann kommt man schnell drauf, daß Sie stark geprägt sind von dem Bedürfnis nach individueller Selbstbestimmung. Ich zitiere aus einem unveröffentlichten Text, den Sie 1983 geschrieben haben. »Die Macht der Masse ist eine Macht gegen das Individuum.« Ende des Zitats. Machen Ihnen Kollektive, Massengemeinschaften Angst?

Massengemeinschaften setzen voraus, daß man sich ihnen einordnet, sich unterordnet. Und ich glaube, es ist etwas Typisches für die DDR, daß wir so erzogen worden sind, uns unterzuordnen. Ich glaube, daß dieser staatliche Erziehungsprozeß eigentlich ein Versuch war, sich Menschen nach einem ideologischen Bild zu schaffen, und daß sich diese Menschen in dieses Bild einpassen. Ich glaube, daß dabei ein Individualitätsverlust die Folge ist und daß es eigentlich in diesem Erziehungsprozeß immer mehr darum ging, Individualität auch zu brechen. Von daher bin ich vielleicht skeptisch gegenüber Kollektiven und Unterordnung.

Glauben Sie, daß bei den Abweichungen von der Norm, den Abweichungen, die es in einer Minderheit in der DDR seit Jahren erkennbar gegeben hat – und Sie haben zu diesen Abweichlern von der Norm gehört, wir kommen darauf noch –, glauben Sie, daß sich darin auch ein Generationskonflikt, ein Generationswechsel im Land ausgedrückt hat?

Ja, das ist möglich. Ich glaube, daß die jüngere Generation eher bereit war zu widersprechen, vielleicht aus dieser Autoritätsabhängigkeit auch auszubrechen.

Haben Sie eine Erklärung, warum die jüngere Generation eher dazu bereit war? Sie haben ja gerade das Erziehungsprinzip beschrieben. Eigentlich müßte diese jüngere Generation wie die ältere, die anders, aber auch autoritär erzogen worden ist, ebenfalls in Unterordnung sich am wohlsten gefühlt haben oder jedenfalls nicht aufgemuckt haben. Woran lag es? Ist es vielleicht ein weltweiter Autoritätsverlust, der auch in der DDR sich ausgedrückt hat und der gar nicht DDR-spezifisch ist?

Ich glaube schon, daß das insgesamt Prozesse sind, daß wir auch nicht vollkommen isoliert gelebt haben von der Welt, sondern natürlich auch durch Medien etwas anderes kennengelernt haben. Und vielleicht von daher auch bereit waren, uns eher zu werten.

Haben Sie Verständnis für die ältere Generation, die vielleicht schon zu müde war oder es nie gewohnt gewesen war zu widersprechen? Oder haben Sie die Ungeduld der Jugend?

Ich denke schon, daß ich dafür Verständnis habe. Und andererseits glaube ich, daß man es vielleicht auch nicht nur darauf beschränken sollte, zu sagen: das ist ein Generationskonflikt, die eine Generation hat sich so verhalten, die

andere so. Da gab es immer... *Na sicherlich nicht, aber auch...*
Da gab es immer Ausnahmen, sowohl in der jüngeren Generation als auch in der älteren, sicher.

Die Opposition in der DDR – ich komme noch einmal auf Masse und Individuum zurück –, die Opposition in der DDR, zu der Sie als einzelne früh gehörten, brauchte Massendemonstrationen, um die Wende durchzusetzen. Fühlten Sie sich im vergangenen Herbst von dieser Masse getragen, mitgerissen? Und können Sie den Unterschied zwischen einer notwendigen und einer beängstigenden Volksmasse beschreiben?

Bei beängstigend, bei einer beängstigenden Volksmasse fallen mir diese Jubelkundgebungen ein, die es bei uns gegeben hat, Fackelzüge. Das letzte, erinnere ich mich, habe ich gesehen im Fernsehen, das war, glaube ich, zum Pfingsttreffen, wo jedermann eigentlich schon wußte, daß da sehr viel Verlogenheit drin ist. Eine Inszenierung von Masse, Jubelinszenierung. Das ist beängstigend. Masse kann aber, glaube ich, auch ein Gefühl von Geborgenheit vermitteln. Leicht aber schlägt das um. Und ich glaube, daß man gegenüber Masse immer skeptisch sein muß.

Die Masse, die in den letzten Wochen in Leipzig am Montag demonstriert hat, die Masse, die an Prominenz aus der Bundesrepublik zum Wahlkampf hierher kommt, sich versammelt – ist Ihnen das behaglich?

Nein, ist mir überhaupt nicht behaglich. Es beunruhigt mich, diese Demonstrationen beunruhigen mich, es beunruhigt mich auch teilweise, daß hier Politprominenz aus dem Westen eingeflogen wird, um hier Wahlkampf zu führen, sogar schon bundesdeutschen Wahlkampf zu führen. Dieser Wahlkampf hat sehr viel von einem Rollenspiel an sich , glaube ich. Da treten teilweise Kandidaten auf, die vorgeben, Lösungskonzepte in der Tasche zu haben und hier die Trümpfe ausspielen zu können. Und ich glaube, daß das auch nicht das geeignete Mittel ist, Parteien oder Kandidaten kennenzulernen. Ich glaube, daß das viel eher möglich ist in einem Gespräch, in Diskussionen, in direkter

Begegnung mit dem Wähler – und das vermisse ich eigentlich. Ich glaube, wir haben diesen Wahlkampf jetzt übernommen, so wie er woanders geführt wird, ohne vielleicht zu versuchen etwas Neues zu machen in diesem Wahlkampf. Ich mag auch nicht diese Plakate mit den lächelnden Gesichtern von Parteivorständen oder Sprecherräten drauf. Das ist mir genauso unbehaglich. Und insgesamt scheint mir dieser Wahlkampf eine Vermarktung zu sein, eine Vermarktung von Ideen in teilweise platte Losungen und auch eine Vermarktung von Personen.

Argwöhnen Sie manchmal, daß das etwas Unvermeidbares ist, neben den Vorzügen des anderen, des westlichen Systems – dem die DDR sich jetzt annähert –, etwas Unvermeidbares ist, der Preis, den man zahlen muß – diese Verflachung? Sind Sie gelegentlich argwöhnisch, Sie würden sich da etwas einhandeln, was Sie so nicht wollten?

Ja, ich glaube, es wird zu rasch vieles übernommen, ohne selbst etwas anderes auszuprobieren. Das liegt aber sicherlich auch in der insgesamt sehr raschen Entwicklung jetzt.

Sie sind als uneheliches Kind aufgewachsen, waren in Kinderwohnheimen, weil Ihre Mutter – eine Übersetzerin – im Schichtdienst arbeitete. Sie haben viel Zeit bei Ihren Großeltern in Dessau verbracht. Welche Einflüsse haben Sie aus diesem familiären Hintergrund mitgenommen?

Bei uns zu Hause, bei den Großeltern und auch bei meiner Mutter, war es üblich, daß wir uns sehr viel unterhalten haben. Unser Zusammensein war eigentlich mehr Ruhe und weniger Aktion. Und es waren Gespräche, die für Außenstehende vielleicht ein bißchen umständlich waren. Sie waren recht weitschweifend, ausführlich und auch geprägt von einer hohen Konzentration und Offenheit und auch Interessiertheit, Neugierde am anderen. Ich glaube, daß mich das geprägt hat und auch diese Ruhe zur Beschäftigung mit den verschiedensten Sachen, Interessiertheit an den verschiedensten Dingen und eine Lust, das Verschiedenste auch kennenzulernen – das war bei meinen Großeltern so, und das war auch bei meiner Mutter so. Und diese Gespräche waren eigentlich uns allen wichtig. Kinder wurden da nicht ausgegrenzt, sondern sie konnten teilhaben an diesen Gesprächen. Und das hat sich auch so weiterentwickelt. Das ist auch später geblieben. Ich glaube, daß ich mir später meine Freunde auch danach ausgesucht habe, ob man so mit ihnen sprechen kann, diese Art der Unterhaltung...

Gab es eine politische Vorprägung im großelterlichen Haus, im Haus der Mutter?

Es gab eine Eigenständigkeit, ein sich Nicht-abhängig-Machen. Und eine Kritikfähigkeit, vielleicht teilweise aus einem Beobachterstatus heraus.

Nach dem Abitur sind Sie im Herbst 1976 als Pädagogikstudentin, Fächer Deutsch und Russisch, zur Hochschule in Güstrow gekommen. Im November 1976 wurde der mißliebige Liedermacher Wolfgang Biermann aus der DDR ausgebürgert, an Ihrer Hochschule wurde eine Resolution zur Unterschrift vorgelegt, in der die Maßnahme gegen Biermann als richtig und gerecht begrüßt wurde. Sie haben nicht unterschrieben. Warum nicht?

Ich denke, aus der Überzeugung heraus, daß es ein unvernünftiger Umgang mit Kritik ist, wenn man sie verbietet, wenn man Redeverbot erteilt oder sogar Ausweisung. Wobei vieles dabei wahrscheinlich mehr emotional war, daß ich sofort gemeint habe, da unterschreibe ich nicht. Dieses...

*Das Risiko haben Sie nicht gescheut?......*Rationale ist erst später gekommen. Nein, das habe ich nicht gescheut, und es war mir eigentlich sogar, es war mir ein Bedürfnis, vor allem deswegen, weil ich gemerkt habe, daß die anderen sehr flink unterschrieben haben, teilweise ohne daß ihnen der Name überhaupt etwas sagte.

Wie schätzen Sie Leute ein, die immer gleich unterschreiben, wenn man's von ihnen verlangt?

Als recht ergeben und gehorsam, diszipliniert. *Keine Verachtung?* Nein, ich glaube nicht.

Was halten Sie von den Sündenböcken, die sich Menschen zur Selbstreinigung schaffen?

Was ich von den Sündenböcken halte oder von den Menschen...

Was halten Sie von der Funktion der Sündenböcke, die die Menschen ihnen zuschieben?

Das ist meines Erachtens ein Ausweichen vor der eigenen Schuld. Das können wir ja auch jetzt beobachten. Jetzt wird nach Schuldigen gesucht, es werden ein paar benannt. Die werden beurteilt, verurteilt, und anschließend soll wahrscheinlich alles rasch vergessen werden. Ich glaube, daß es nicht diese paar Schuldigen sind. Wenn man von Schuld spricht, muß man sich wahrscheinlich als erstes fragen, inwieweit man selbst mitschuldig ist.

Halten Sie für möglich, daß die Menschen in ihrer Mehrheit – ohne daß man sie deswegen tadeln könnte, und vielleicht gehören wir auf irgendeine Weise ja auch dazu – dieses schnelle Vergessen brauchen, um weiterleben zu können? Und ist dieses vielleicht – das schnelle Vergessen – einerseits die Quelle für das Weiterlebenkönnen, andererseits aber auch die Quelle für immer neue Wiederholungen schwerer Verbrechen und Fehler?

Es scheint auf alle Fälle ein Bedürfnis dazusein, schnell zu vergessen. Und dieses Bedürfnis scheint mir verständlich, aber ich finde es dennoch falsch. Ich glaube nicht, daß man in eine neue Entwicklung gehen und dabei die Vergangenheit vergessen kann. Ich denke, daß jeder Mensch – das trifft dann auf vieles zu – gerade deswegen so ist, weil er diese Vergangenheit eben hat. Und ich glaube, man kann sich wahrscheinlich doch besser in der Zukunft zurechtfinden, wenn man auch zu der Vergangenheit steht, diese akzeptiert und versucht aus den Fehlern der Vergangenheit zu lernen.

Das sagen alle Systeme sonntags. Unter der Woche ist es dann immer ganz anders. So war es auch 1945. Sie sind erst 1958 geboren. Aber wir scheinen alle insgesamt zu dieser Art von Vergangenheitsbewältigung mehrheitlich nicht sehr befähigt zu sein. Sehen Sie von daher Verwerfungen, psychische Spannungen in Deutschland voraus?

Ich weiß nicht mal, ob das etwas typisch Deutsches ist, es scheint fast so zu sein. Das ist vergessen worden…

Nein, aber wir reden jetzt unter Deutschen…

Ich glaube nicht, daß es etwas typisch Deutsches ist, aber wir haben vielleicht besonderen Anlaß gegeben, und u n s Anlaß gegeben, hier besonders gut zu sein. Und sind es nicht, sowenig wie andere. Es ist eine Gefahr, es ist ganz sicher eine Gefahr.

Auf der Hochschule in Güstrow war Ihres Bleibens nicht, nachdem Sie die Anti-Biermann-Resolution nicht unterschrieben hatten. Sie waren kurze Zeit arbeitslos, weil man Sie nicht einstellte, sobald die Kaderakte kam. Dann konnten Sie jedoch als Bibliothekar-Helferin arbeiten, in Weißensee, glaube ich, nein… Köpenick. …*in Köpenick. Dann konnten Sie als Bibliothekar-Helferin in Köpenick in Berlin arbeiten, und dann erhielten Sie auch einen neuen Studienplatz zum Bibliothekarstudium in Leipzig. Meine Frage: Ihr neuer Studienplatz, den Sie n a c h Abweichen vom Üblichen erhalten haben, sehen Sie den als Beleg dafür, daß nicht alles in der DDR immer so heiß gekocht wurde, wie es heute nachträglich von manchen serviert wird? War es einerseits erträglicher für die Mehrheit im Land, als heute eingestanden wird, und war andererseits auch seit Ende der 70er, Anfang der 80er Jahre mehr Widerspruch möglich – mit bösen Ausnahmen –, als heute zugegeben wird?*

Ich hatte damals zunächst Angst, nicht noch mal studieren zu können. Denn es wurde viel erzählt, daß das in der Regel so abläuft, wenn man einmal vielleicht Widerstand geübt hat oder auffällig geworden ist, daß dann auch Bildung verweigert wird. Ich konnte studieren, und ich weiß, daß es keine Ausnahme war. Es ist auch andern so gegangen, aber es ist andern auch wieder anders gegangen. *Die bösen Ausnahmen…* Ja. Es gab sowohl das als auch das. Und ich glaube, man muß insgesamt diese Sachen differenzierter sehen. Es war ganz gewiß nicht so, daß man sich überhaupt nicht wehren konnte, daß es keine Möglichkeiten gab, den Widerspruch auszusprechen. Und natürlich war es auch nicht so, daß dieser Widerspruch üblich für uns war. Ganz sicher ist in den 80er Jahren mehr Möglichkeit dagewesen, eigene Ansprüche auszusprechen und auch Eigenes entgegenzusetzen. Natürlich sind aber auch die Strafen härter geworden, es ist offensichtlicher geworden; Konflikte sind offensichtlicher geworden – gerade in den 80er Jahren.

Was war für Sie, Frau Köppe, der wesentliche Grund, der Sie zum Nein-Sagen, zur Verweigerung in der DDR veranlaßt hat?

Es waren eigene Überzeugungen, von denen ich nicht in jedem Fall behaupten möchte, daß es die richtigen sind. Und es war vielleicht auch, sich nicht unterordnen wollen, eben dieses Eigene aussprechen und nicht einfach nur funktionieren wollen, nicht eingeplant werden wollen, nicht benutzt werden wollen. Ich glaube, es hat mit einem großen Anspruch auf Eigenständigkeit zu tun. Und sicherlich auch mit Selbstbewußtsein, aber auch mit viel Nachdenken. Es waren meist keine spontanen Reaktionen, sondern Reaktionen, die schon wohlüberlegt waren.

Politik muß nach Ihrem Verständnis – so jedenfalls meine ich Sie zu verstehen, und so haben Sie eben auch Ihre Überzeugung formuliert – vor allem eigenständiges Verhalten des Individuums, des einzelnen ermöglichen. Aber kann man mit Ihrer Haltung Staat machen? Verweist Sie Ihr Anspruch nicht in jedem System in eine Minderheit, die allerdings in den Systemen unterschiedlich behandelt wird – so, wie Sie sich selbst politisch definieren? Vertrauen Sie darauf, daß Sie in einem vereinigten Deutschland, über die Vereinigung werden wir noch sprechen –, daß Sie in einem vereinigten Deutschland nicht auch Schwierigkeiten bekommen werden, sich so, wie Sie es wünschen, so, wie Sie es brauchen, zu verwirklichen? War das eine DDR-spezifische Eigenheit, oder ist das Mehrheitseigenheit gegenüber Minderheiten?

Das sind so viele Fragen… *Fangen Sie an, wir haben Zeit.*

Ich glaube, man sollte Staat machen mit dem Bemühen um Individualität, nicht mit einer Erziehung zur Uniformität, sondern gerade zur Individualität. Das hat meines Erachtens etwas mit Menschlichkeit zu tun und mit Menschenwürde: dem einzelnen zu ermöglichen, sich zu entwickeln, sich zu entfalten und auch er selbst zu sein und sich nicht in jedem Fall anpassen und unterordnen zu müssen. Ich glaube, daß das sehr wichtig ist. Inwieweit das in anderen Ländern möglich ist, ob das in der BRD oder in einem einheitlichen Deutschland möglich ist, vermag ich nicht konkret zu sagen. Aber ich glaube, daß es immer schwierig sein wird und daß dieser Anspruch sicherlich auch sehr hoch ist.

Sagt Ihnen der Name Ulrike Meinhoff etwas?

Ja.

Was besagt er Ihnen?

Vielleicht nicht viel. Ich assoziiere dabei Radikalität und sicherlich auch ein Sich-nicht-einfügen-Wollen.

Haben Sie gedacht, die Menschen könnten besser sein, wenn die Umstände, die gesellschaftlichen Verhältnisse, anders wären? Und falls Sie das gedacht haben: Glauben Sie das seit dem Fall der Mauer und seit dem Wahlkampf in der DDR immer noch unbeirrt, oder gibt es Zweifel?

Sicher werden Menschen durch Umstände geprägt. Und ich denke, daß wir auch geprägt sind durch diese DDR-Umstände. Und das sollte man sicherlich auch nicht vernachlässigen und nicht vergessen. Und diese neuen Umstände, zum Beispiel die Öffnung der Grenzen, hat uns wiederum geprägt. Ich glaube, daß es ein ganz menschliches Reagieren auch ist, wenn man nach langem Eingesperrtsein dieses Freiheitsgefühl hat, losrennt, sich freut, wenn man nach – sicherlich auch – materiellen Entbehrungen, nach einer Zeit von materiellen Entbehrungen besonders auf Materielles schaut und das auch erwartet. Es ist für mich nachvollziehbar, und trotzdem macht es mich ein wenig traurig, weil ich glaube, daß es wesentlichere Dinge gibt als konsumtive, materielle Bedürfnisse... *Für wen gibt es wesentlichere Dinge?* Ich denke, daß... Also für mich gibt es wesentlichere Dinge, und ich glaube schon, daß es wichtig ist, auch klarzumachen oder daß man die moralische Pflicht hat, auf Ursachen sowie Auswirkungen von Konsum hinzuweisen und darauf, daß wir es uns eigentlich insgesamt als Menschheit nicht leisten können, verschwenderisch zu sein. Ich glaube auch, daß wir eher angelegt sind, viel mehr zu leisten, als nur zu konsumieren. *Erziehungsdiktatur?* Nein, das nicht. Ich glaube, das ist sowieso nur erlebbar über Erfahrungen.

Sie haben vor Jahren einmal aufgeschrieben, welche Wörter in der offiziellen Sprache, in dem von Ihnen sogenannten Landesdeutsch der DDR, bevorzugt vorkommen – überwiegend pathetische, selbstberühmende –, und welche Wörter vermieden werden. Angst – so haben Sie bemängelt – kam im öffentlichen Sprachgebrauch nicht vor. Frau Köppe, sollen Politiker der Wahrheit, der Redlichkeit halber gegebenenfalls auch Angst vermitteln, oder braucht der Mensch notfalls doch eher die fromme Lüge?

Ich denke, Angst ist ein ganz natürliches Gefühl. Und es ist immer ein Signal, das beachtet werden muß. Und ich glaube, daß auch Politiker die Aufgabe haben, dieses Signal zu beachten... *Auch auszudrücken?* ...auch auszudrücken... *...aber nicht zu bemänteln...* Ja, nicht zu bemänteln und sie nicht zu überdecken mit Lügen oder mit Beschwichtigung. Ich glaube, dazu ist es eigentlich viel zu ernst, das Gefühl.

Die Vereinigung der beiden deutschen Staaten – was bedeutet Sie Ihnen, Frau Köppe, und stimmen Sie dem Tempo und der Art zu, mit dem sie sich derzeit vollzieht?

Es scheint mir, daß diese Vereinigung, so wie wir sie jetzt erleben, wie sie vorgedacht wird, nicht die Vereinigung von zwei einander in Zuneigung ergebenen Partnern ist. Ich glaube, daß es sich ganz anders verhält, daß man sich da auch viel vormacht bei dieser Vereinigung. Ich denke, daß der eine Teil sich soeben aus einer Beziehung gelöst hat, eine Beziehung, die gekennzeichnet war von Bevormundung, Behinderung, Unterdrückung, und daß er sicherlich auch viele Entbehrungen hatte. Und der andere, der da plötzlich da ist, ist groß und stark. Dieser, der sich gerade aus der alten Beziehung gelöst hat, der fühlt sich gerade sehr frei, aber er ist auch, er fühlt sich auch betrogen und enttäuscht, und er sucht Trost, glaube ich. Und da kommt nun der andere – er ist groß, stark, und er ist reich, er hat Geld, er hat das richtige Geld... ein Märchenprinz ...und Autos, gute Autos, und er hat 200 Paar Schuhe, bei dem ist alles ganz sauber. Der braucht nur die Arme aufzumachen und zu sagen: Komm! Und ich glaube, er nutzt die Hilflosigkeit des andern aus. Es gibt für mich eigentlich keinen vernünftigen Grund für diese Vereinigung. Es gibt zwar Gründe, und es werden auch Gründe genannt, die sind für mich verständlich und die sind erklärbar, aber sie sind für mich nicht vernünftig, und ich kann sie so nicht übernehmen. Es wird zum Beispiel jetzt viel gesprochen von einem Zusammengehörigkeitsgefühl der Deutschen. Zusammengehörig, denke ich, sind zwei, die ohne einander nicht existieren können, die eben nur zusammen Wert haben. Die nicht einzeln existieren können und auch nicht mit einem andern existieren können. Ich denke, so verhält es sich nicht in der deutschen Frage. Ich denke, wir haben getrennt existiert, und wir haben sehr unterschiedliche Erfahrungen gemacht in dieser Zeit, und wir gleichen uns nicht so, daß wir nur zusammen existieren können. Und besonders bedenklich finde ich bei diesen Reden von dem Zusammengehörigkeitsgefühl der Deutschen eigentlich, daß es gleichzeitig auch ein Nicht-Zusammengehören mit Nicht-Deutschen bedeutet. Dieses Zusammengehörigkeitsgefühl scheint mir sehr beschränkt, sehr deutsch-beschränkt zu sein. Und in Anbetracht der latenten Ausländerfeindlichkeit, die auch bei Deutschen da ist, finde ich das bedenklich.

Basisdemokratie, Frau Köppe, so scheint mir, ist der Kompromiß, den Sie zwischen der individuellen Eigenständigkeit und dem gesellschaftlichen Wirken des Menschen anstreben. Basisdemokratie, direkte Demokratie – wie soll die praktiziert werden?

Vor allem in einem Miteinander-Sprechen. In einem Entwickeln von eigenen Konzepten und auch in einer gegenseitigen Ermutigung. Ich denke, Basisdemokratie müssen wir auch erst noch erlernen. Das ist nicht etwas, was man von heute an kann. Das haben wir nicht gelernt, und es ist... *Wir haben es auch nicht erlernt* ... und es ist sicherlich auch sehr schwierig. Basisdemokratie läuft meines Erachtens nicht über schnelle Konsensfindung. Abstimmung – und dann ist das Konzept fertig. Es wird jetzt mitunter so praktiziert. Ich denke, daß das nicht Basisdemokratie ist. Basisdemokratie braucht Zeit und Geduld, und es scheint jetzt manchmal so zu sein, daß es uns gerade an dieser Zeit mangelt, um tatsächlich auch Basisdemokratie zu üben, zu lernen und zu praktizieren.

Aber wie wollen Sie mit dieser Basisdemokratie, wenn Sie sie praktizieren, im Konkurrenzkampf, im internationalen, bestehen? Die Zeit bleibt Ihnen nicht. U n s auch nicht in der Bundesrepublik – sagt die Mehrheit.

Ich glaube, daß man diesem Konkurrenzkampf etwas entgegenhalten kann. Ob das Erfolg hat, ist eine andere Frage, aber daß wir durch diese Basisdemokratie neue Strukturen schaffen könnten. Daß wir ein solidarisches Miteinander schaffen könnten, ein Orientiertsein auch auf den andern, nicht nur auf sich selbst und vielleicht auch nicht nur auf materielle Werte. Und vielleicht auch nicht nur orientiert auf Leistung und Konkurrenz.

Die Opposition in der DDR, zu der Sie sehr couragiert, sehr früh als einzelne gehört haben, hatte, sage ich einmal, bis in den September, Oktober vergangenen Jahres hinein keine Massenbasis. Anders als Solidarnoś´z in Polen. Die Alternative in der DDR war der Ausreiseantrag. Dann hat die Opposition für acht Wochen eine Massenbasis gehabt. Jetzt definieren Sie hier ein Ideal aus der Oppositionszeit. Hat die alternative Bewegung in der DDR, die Opposition, die wirklich Widerstand geleistet hat im Gegensatz zur Mehrheit im Land – kein Vorwurf gegen die Mehrheit –, hat die

Opposition für diese Basisdemokratie, die Sie beschreiben, noch eine Mehrheit zu erwarten?

Ich denke, angesichts der Entwicklung wird es auch wieder eine größere Orientierung auf diese Basisdemokratie geben. Ich glaube, daß in Zukunft vor allem auch Ansprechpartner fehlen werden. Und daß es da wichtig ist, daß Leute da sind, die in Bürgerbewegungen organisiert sind und die auch Basisdemokratie praktizieren wollen, und, ich glaube, daß diese Leute Ansprechpartner sein könnten.

Während der Raketendebatte zwischen NATO und Warschauer Pakt, während des Nachrüstungskonflikts zwischen Mehrheiten und Minderheiten in den beiden deutschen Staaten in der ersten Hälfte der 80er Jahre, in dieser Zeit, Frau Köppe, haben Sie mit zwei Freunden Flugblätter angefertigt und in Ostberlin in Briefkästen gesteckt, weil Ihnen die Abrüstungsposition der DDR-Regierung zu einseitig war. Die Staatssicherheit nahm Sie vorübergehend fest, Sie gerieten unter andauernden Beobachtungsdruck, schwere Zeiten. Aber gab es auch neben der Angst eine Zufriedenheit, weil Sie etwas taten, wovon Sie überzeugt waren?

Ich wurde nicht damals wegen der Flugblatt-Aktion... *Ich weiß, ich habe es zusammengezogen.* Gut. *Aber sagen Sie, weswegen Sie...* Das war später dann im Zusammenhang mit Demonstrationen gegen den Wahlbetrug *...das war Jahre später...* Bei diesen Flugblattaktionen gab es solche Zwischenfälle nicht. *Da ist nichts passiert – ich weiß. Aber es gab später diesen andauernden Beobachtungsdruck. Es gibt in dem Zusammenhang eine sehr hübsche Geschichte, wo zwei Stasi-Leute in einem Auto hinter Ihnen und einer Freundin von Ihnen hergefahren sind. Mögen Sie die erzählen?* Was meinen Sie, als wir baden waren? *Ja, die meine ich.* Ja, das war ein Tag, da sind wir beobachtet worden. Es war sehr heiß, und ich bin mit meiner Freundin letztendlich baden gegangen. Das war... ...*weil es nicht geplant war, war es an einem FKK-Strand.* Das war am FKK-Strand. Wir zogen uns aus, die beiden blieben daneben stehen, natürlich angezogen, und setzten sich dann neben unsere Sachen und bewachten sie. Und es war schon... es war lächerlich irgendwo, und gleichzeitig ist aber auch so deutlich geworden, wie unsinnig das ist. Sie sind aufgefallen am Strand. Und ich glaube, daß auch den Umliegenden recht deutlich geworden ist, was sich da abspielte.

Zurück zu meiner Frage vor dieser Geschichte. Gab es auch eine Zufriedenheit neben der Spannung und Anspannung und Angst, ob man abends sich noch trifft, wenn man die Flugblätter in die Briefkästen gesteckt hat, eine Zufriedenheit, weil man sagte: Ich bin bei mir, ich tue, was ich für richtig halte?

Ja das gab es, und deswegen haben wir das ja auch getan. Uns war klar, daß wir uns in Gefahr begeben. Aber gleichzeitig konnten wir nur so reagieren. Und das war dann auch schon eine... doch, es war eine Zufriedenheit, eine Zufriedenheit, das getan zu haben, was wir wollten. Eine Zufriedenheit deswegen, weil wir damit versucht hatten Themen anzusprechen, die ja offiziell tabu waren, die nicht gesprächsfähig waren und über die unseres Erachtens gesprochen werden mußte. Zum Beispiel die Aufrüstung und die Raketenstationierung.

Sie haben sich lange Zeit außerhalb von Oppositionsgruppen gehalten, Frau Köppe. Warum sind Sie im vorigen Jahr ins Neue Forum eingetreten, warum haben Sie eine Gruppenbindung auf sich genommen?

Opposition, organisierte Opposition, war vorher möglich innerhalb der Kirche. Und ich hatte – meine Familie nicht –, wir hatten keine Beziehung zur Kirche. Und dann gab es plötzlich dieses, daß die Kirche ihr Schutzdach anbot für Opposition, und vielleicht hat es innerlich irgendwas mit Ehrlichkeit zu tun, daß ich es für mich nicht ehrlich fand... *jetzt die Kirche zu benutzen* ...die Kirche zu benutzen, obwohl es sicherlich ganz legitim gewesen wäre. Und außerdem meinte ich, man müßte Opposition außerhalb der Kirche organisieren, damit sie öffentlicher wird, was uns natürlich nicht gelungen ist. Als das Neue Forum gegründet wurde bzw. als dieser Aufruf dann erschien, da war mir klar, daß es das ist, was ich Jahre vorher auch schon gewollt habe: nämlich eine offene Opposition, eine Opposition außerhalb der Kirche. Und deswegen bin ich dann dort mit hingegangen und hab dann auch unterschrieben.

Und bereut bisher?

Nein.

Erlauben Sie mir eine letzte Frage: Was war das Beste an der DDR?

Ich weiß nicht, ob das DDR-spezifisch ist. Aber das Beste waren für mich immer Freunde und Geborgenheit in diesen Freundschaften, das Sich-mitteilen-Können, ja, ich glaube, diese Freundschaft – das war für mich das Wesentlichste.

Christoph Hein

Gespräch vom 14. März 1990

Christoph Hein, geboren 1944. Er schreibt Theaterstücke, Romane, Novellen, Essays. Er hat früh zur Minderheit gehört, die in der DDR widersprochen hat. Heute hofft er darauf, daß einiges von der Identität der DDR auch in einem vereinigten Deutschland überbleibt. Christoph Hein wird von Literaturkritikern für die stärkste Begabung der deutschen Literatur seiner Generation angesehen. Lauter letzte Tage, Herr Hein. Letzte Tage der bisherigen Art von Volkskammer, letzte Tage des Runden Tischs. Für viele Menschen auch die letzten Tage ihrer bisherigen Lebensumstände, Lebensgewohnheiten. Die Zeit rast. Möchten Sie sie verlangsamen?

Es wäre vielleicht hilfreich, aber Geschichte verläuft auf eine Art und Weise, die nicht nur von Menschen geprägt, beschleunigt, verlangsamt werden kann. Wir haben erlebt – und das ist eine Besonderheit in Deutschland, nicht nur in der DDR, in Deutschland –, daß in dem letzten halben Jahr die Geschichte anfing zu galoppieren. Sie hat noch nicht aufgehört, das bringt ein paar Unwegbarkeiten mit sich, auch Gefahren. Aber diesem Gaul der Geschichte kann man nicht in die Zügel greifen.

Gerade jene in der DDR, die früh das Risiko der Auffälligkeit auf sich genommen haben, die widersprochen haben, wünschen sich jetzt einen anderen Verlauf der Veränderungen, wünschen einer veränderten DDR mehr Standfestigkeit, als sie noch leisten kann. Nach kurzer Autonomie – gerade ein paar Wochen lang – eine neue Zwangsläufigkeit. Ist es der Ablauf aller Revolutionen oder

Umstürze, daß binnen kurzem alte Zwänge durch neue Zwänge, vielleicht gefälligere, verborgenere, angenehmere, abgelöst werden?

Nach unseren geschichtlichen Erfahrungen muß ich Ihnen zustimmen. Es ist eigentlich das, was wir aus der Geschichte gelernt haben. Es wäre anders denkbar und vielleicht hilfreicher, aber die Erfahrung sagt uns, daß es anders nicht geht.

Wo bleibt da das Prinzip Hoffnung?

Es ist ein Prinzip.

Wo bleibt die ganz schlichte – jenseits der Prinzipien – Hoffnung der Menschen, daß es mal anders sein möge, als daß alte Zwänge durch angenehmere, neue Zwänge abgelöst werden? Haben Sie solche Hoffnung?

Ja, ich habe die Hoffnung, ohne diese Hoffnung könnte ich nicht arbeiten. Ich könnte mich nicht am Morgen aus dem Bett erheben, wenn ich nicht diese Hoffnung hätte, daß meine Arbeit ein bißchen was bewirken kann.

Sind Sie gelegentlich im Zweifel, ob diese Hoffnung nicht am Ende Selbstbetrug ist?

Daß sie ständig scheitert, ja. Selbstbetrug, nein, das würde ich sagen, denn ich weiß ja um die Gefährdung meiner Hoffnung. Ich weiß ja, daß meine Hoffnung eine sehr blasse, hübsch aussehende Wolke von schöner Farbe ist am Horizont, der wir da wohl alle nacheilen. Ohne diese Hoffnung wäre menschliches Leben gar nicht denkbar, ohne sie wären wir auch nicht weitergekommen. Dazu gehört das Scheitern wie auch der gelegentliche kleine Erfolg. Ohne diese Hoffnung säßen wir irgendwo noch auf den Bäumen.

Was ist für Sie persönlich die Wurzel dieser Hoffnung?

Ich glaube, sie reicht weiter zurück als die Bergpredigt. Die Bergpredigt ist vielleicht eins der ersten Dokumente, das dieses formuliert... *Und für Sie ein wesentliches Dokument als Teil Ihrer Hoffnung...* Ja, bedingt ein bißchen durch das Elternhaus. *Ihr Vater war Pfarrer...* Nun gehört das nicht dazu. Aber alles andere, was dann auch in den folgenden Jahrhunderten kam, waren im Grunde andere Formulierungen. Politischere als die Bergpredigt, aber das ging immer wieder auf diese Sachen zurück. Aber wie gesagt, es liegt auch noch vor der Bergpredigt selbst... Alle Religionen sind ja schon eine Formulierung dieser Hoffnungen, die einfach zur Menschheit dazugehören.

Wir kommen darauf noch. Wer macht Geschichte? Macht derzeit die reiche Bundesrepublik die Geschichte der armen DDR?

Ich bin nicht ganz sicher. Es erweckt zur Zeit den Anschein, aber die Geschichte, die wir jetzt erleben, begann vor einem halben Jahr in der DDR, begann auch vom Volk, von Teilen des Volkes, speziell von der Jugend. Das veränderte sich ein bißchen. Es ist jetzt sicher die Dominanz der Bundesrepublik auch in der DDR ganz kräftig vorhanden. Aber ich bin gar nicht so sicher, daß die DDR, daß sich das Volk der DDR abgemeldet hat. Vielleicht wird jetzt erst mal ein Heißhunger befriedigt. Und wenn der Heißhunger befriedigt ist, denke ich, wird sich vielleicht dann noch mal etwas melden, was an Hoffnungen da war. Was an Hoffnungen in den 40 Jahren da war gegen diese versteinerten Verhältnisse, die hier entstanden sind.

Können Sie, noch in so großer Nähe zu den Ereignissen, schon Abschnitte im Wendeverlauf seit vergangenem Herbst erkennen – Stimmungsumschwünge, veränderte Frontstellungen – und wodurch wurden sie bewirkt? Beschreiben Sie Ihr Bild vom Umsturz.

Dazu, denke ich, gehören erst einmal die Jahre und Jahrzehnte vor dem September 89, wo es relativ wenige Personen und Gruppen waren, die da ein bißchen opponierten und etwas aufrechterhielten, was es über die Jahrzehnte gab – nicht nur in der DDR, sondern in den ganzen Ostblockgebieten. Das begann in der Sowjetunion mit Leuten, die schon in den 20er Jahren gegen diese verfehlte Politik auftraten und das teilweise blutig mit ihrem Leben zu bezahlen hatten. Ich erinnere an Leute wie Babel und Bulgakow oder Bucharin. Es gab ein Aufrechterhalten dieser Hoffnung gegen diese Strukturen in den 50er, 60er, 70er, 80er Jahren auch in der DDR. Teilweise wurde mit Gefängnis bezahlt. Mit Rausschieben aus der DDR. Mit der Exilbewegung der Leute, die hierblieben und versuchten etwas dagegenzuhalten. Dann setzte so etwa im September, Oktober sehr kräftig etwas ein, was wir als diese revolutionäre Bewegung bezeichnen, sehr stark von der Jugend getragen, auch von der Kirche, insofern als sie den Ort abgab, die Plattform, ihre Häuser öffnete. Da ist der Kirche eine besonders gewichtige, auch verantwortungsvolle Rolle für diese Gesellschaft zu bescheinigen. Das war enorm wichtig. Ohne die Kirche wäre der ganze Verlauf anders gekommen. Das ging – denke ich – so bis Mitte, Ende November. Es veränderte sich mit der Maueröffnung. Es gibt dazu gelegentlich die Geschichtsschreibung, das Volk habe die Mauer geöffnet. Das, glaube ich, ist nicht ganz korrekt. Das Volk stürmte die geöffnete Mauer. Tatsächlich wurde ja die Mauer von Herrn Krenz und Herrn Schabowski geöffnet. Und ich glaube, den tieferen Grund – das ist jetzt etwas ironisch-witzig formuliert –, den tieferen Grund für die Maueröffnung lieferte ein einsamer Demonstrant am 4. November. Der lief nämlich auf dieser großen Demonstration mit dem Schild herum »Wer war Krenz?«. Das war damals eine freche, provokante Formulierung. Ich glaube, Krenz hat das gesehen und dachte, er beantwortet die Frage, indem er die Mauer öffnet und sich dadurch in die Geschichtsbücher schreibt. Aber ich glaube, nach dieser Öffnung hat sich nur noch die Bildzeitung dafür interessiert: Wer war Krenz?

Das war jetzt also der Abschnitt bis zur Öffnung der Mauer, und nun der neue Abschnitt. Die Stimmungsumschwünge…

Es war natürlich dann einfach bedingt durch die Öffnung, daß die Interessen sich verlagerten. Der Heißhunger mußte gestillt werden. Man wollte den Konsum sehen, nach Möglichkeit auch erwerben und natürlich auch die Möglichkeit des Reisens in Anspruch nehmen. Das veränderte natürlich die Bewegung in der DDR. Und selbstverständlich ist auch an der Haltung und Einflußnahme westdeutscher Politiker erkennbar, daß die DDR im Grunde schon ein Land war, das zur Wiedervereinigung und, genauer, zur Übernahme bereitstand und -steht. Ich denke, das veränderte die ganze politische Situation in der DDR.

Sie haben auf jener von Ihnen erwähnten Kundgebung in Ostberlin am 4. November vorgeschlagen, Leipzig eine Heldenstadt zu nennen. Die Demonstranten der letzten Wochen – sind das noch die Demonstranten, die Sie im November veranlaßt haben, Leipzig eine Heldenstadt zu nennen?

Nach den Untersuchungen in Leipzig weiß ich, daß die Demonstranten gewechselt haben. Nicht die Demonstranten haben ihre Meinung geändert, sondern die Demonstranten selbst haben gewechselt. Aber an dem Terminus Heldenstadt würde ich schon festhalten. Ich darf noch einen Grund nennen: Temesvár, Rumänien. Dort sollte das gemacht werden, was am Platz des Himmlischen Friedens in China erfolgreich durchgeführt wurde. Das wurde auch in Rumänien erfolgreich durchgeführt, bis dann Ceaușescu den gravierenden Fehler machte, diese Gegendemonstration in Bukarest einzuberufen, die unmittelbar, ja direkt in die Auflösung des Ceaușescu-Regimes führte. Iliescu nennt Ceaușescu deswegen den heimlichen Führer des Aufstandes. In der DDR war – auch aus heutiger Sicht – dieses eindeutig auch geplant. Die chinesische Karte wurde gezückt und wieder eingesteckt. Und damit war sie im Grunde vernichtet.

Wo waren jene Demonstranten im November, die heute demonstrieren?

Wir haben vier Jahrzehnte des Schweigens hinter uns. Wir haben vier Jahrzehnte hinter uns, in denen 99 Prozent gewählt haben und eben auch die SED gewählt haben. Es gab Wahlbetrug. Wir haben Untersuchungen darüber schon seit dem Mai gemacht. Es handelt sich um Zahlen zwischen zwei und acht Prozent. Also von den 99 Prozent nimmt es nicht so sehr viel weg. Ich denke schon, daß diese Art, sagen wir, freundliche Zurückhaltung viele bewogen hat, erst einmal abzuwarten und nach den erfolgreichen Veränderungen nun auch kräftiger ihre Haltung zum Ausdruck zu bringen. Ich halte das auch für richtig. Nicht jeder muß auf die Straße gehen, wenn es gefährlich ist. Und ich halte es auch für richtig, daß wir jetzt unser Land einmal kennenlernen. Wir waren einig vorher. Einig in einem Widerstand – mehr oder weniger aktiv oder passiv – gegen ein Regime, das abgelehnt wurde von der Mehrheit des Volkes, das sich aber nicht artikulierte. Und schon gar nicht in den Unterschieden. Jetzt lernen wir die Unterschiede in der Einheit kennen.

Worin hätte nach Ihren Vorstellungen und Hoffnungen, Herr Hein, die Identität einer erneuerten DDR bestehen können, wenn nicht die Vereinigung, die sich mit großem Tempo vollziehen soll nach Meinung vieler, wenn nicht diese Vereinigung alle Identitätshoffnungen einer erneuerten DDR über den Haufen gerannt hätte? Was hätte die Identität der DDR nach Ihrer Vorstellung sein können?

Ich antworte ungern darauf, weil es rein spekulativ ist. Es ist vorbei. Alles, was da an Hoffnung mal war – und das begann für die DDR sicher schon 1946 –, das ist vertan worden, verludert worden, versaubeutelt worden. Es ist jetzt schwer, überhaupt noch darüber zu reden. Ich denke, was an Chancen für eine alternative Gesellschaft da war, ist für mindestens eine Generation – ich denke, für 100 Jahre – vorbei. Insofern lohnt es kaum, darüber zu reden.

Aber Sie, der Sie zu der Minderheit, die widerstanden hat, die widersprochen hat, gehört haben seit Jahren, Sie haben noch Anfang November vergangenen Jahres die Hoffnung gehabt auf eine erneuerte DDR. Das heißt die Einsicht, daß das endgültig vorbei ist wegen der Gründe, die Sie eben genannt haben und die weiter zurückreichen als bis zum letzten Herbst. Die Hoffnung ist Ihnen in den letzten Wochen abhanden gekommen. Am 4. November haben Sie sie noch artikuliert.

Ich habe sie schon im Oktober mit Einschränkungen formuliert. Die Idee ist wahrscheinlich schon im August 68 überrollt worden auf dem Prager Wenzelsplatz – mit deutschen Panzern. Ich ahnte das Scheitern dieser Hoffnung schon damals... *Die Hoffnung jener Art, die Sie eingangs unseres Interviews beschrieben haben, die man braucht, um aufzustehen und zu arbeiten...* Ja, insofern wird das auch meine Hoffnung bleiben. Ich werde meine Meinung nicht ändern, weil irgend etwas verlorengegangen ist oder irgend etwas gesiegt hat. Da will ich bei mir bleiben.

Wir haben den Punkt, auf den ich jetzt komme, schon kurz gestreift. Was kann nach einer Vereinigung möglicherweise – wenn der nüchterne Alltag wieder eingezogen ist in dem dann vereinigten Deutschland –, was kann da an ehemaligen DDR-Mentalitäten, an Folgen der Erziehung im untergegangenen System, an Begriffen von damals – vielleicht für manche überraschend im vereinigten Deutschland –, was kann da sich geltend machen? Welche DDR-Mitbringsel wird das vereinigte Deutschland zu gewärtigen haben?

Es ist zur Zeit in der DDR sehr schwer, über so etwas wie DDR-Identität zu sprechen, kaum einer will davon etwas hören. Ich denke, für zwei, drei Jahre wird das auch erst mal vorbei sein, tot sein. Und ich denke, nach dem Stillen des Heißhungers wird sich da etwas melden, und das beginnt mit der Haltung, die die Volksabstimmung 46 über die Bodenreform verursacht hat bis zu dem Oktober, November 89. Ich denke, was wir einbringen, ist nicht nur das Volk, das definiert wird mit dem Trabant und der fehlenden Banane. Ich denke – und viel gewichtiger wird das sein – es wird der revolutionäre Teil des deutschen Volkes dann auch in dieser Einheit dazukommen. Das werden wir, denke ich, nicht vergessen.

Das heißt, Sie sagen dem vereinigten Deutschland mehr revolutionäre Begriffe und Mentalitäten voraus, als die biedermeierliche Bundesrepublik sie bisher gekannt hat?

Das Biedermeiertum wurde bisher der DDR zugesprochen. Ich denke, diese Kennzeichnung ist im Oktober kaputtgegangen. Ich denke schon, daß hier etwas entstanden ist – und zwar in den vier Jahrzehnten durch den Druck der versteinerten Verhältnisse –, daß da ein enormer Mut entstanden ist, der dazu führte.

Wir haben immer nur von einer Minderheit geredet, bei der das entstanden ist. Wird die DDR-Mehrheit nach der Vereinigung Ideale und Träume der Minderheit übernehmen?

Ich bin nicht so sicher, ob es je in der Geschichte so etwas gegeben hat, daß das ganze Volk beteiligt war an einer revolutionären Veränderung. Es wird immer nur ein Teil sein, das ist völlig normal, das hat mit Lebensumständen zu tun... *Darauf komme ich noch...* Und da denke ich schon, daß dieser eine Teil, der vornehmlich diesen Oktober herbeigeführt hat, nun nicht alles vergißt. Denn dieser Oktober ist schwer genug gefallen. Und bei der Sichtung dessen, was jetzt zerschlagen wurde, etwa des Staatssicherheitsdienstes der DDR, kann einem ja nachträglich schlecht werden, wogegen man da angegangen ist. Denn das war ja ein System – die Formulierung flächendeckend ist durchaus korrekt –, das flächendeckend und eigentlich unbesiegbar schien. Also jetzt im nachhinein erschrickt man vor dem, was da ereicht wurde.

Herr Hein, Sie schreiben Theaterstücke, Romane, Novellen, Essays. Die Geschichte als Faktor des menschlichen Lebens hat Sie in Ihren Stücken oft beschäftigt. So kann man bei Ihnen lesen, ich zitiere: »Wer sich in der Geschichte auskennt, ist vor Überraschungen sicher. Die gleichen Geschichten, alles wiederholt sich.« Zitatende. Aber man kann bei Ihnen auch die Behauptung finden, Zitat: »Gebrannte Kinder erweisen sich als belehrbar.« Also was ist nun: Ist der Mensch lernfähig bis hin zur grundlegenden Veränderung oder dreht er sich im Kreise seiner unveränderbaren Mängel und Irrtümer?

Das erste war ein Zitat von einer Bühnenrolle... *Ja. Die wahre Geschichte des Ah Q.* ...die nur bedingt mit dem Autor übereinstimmt, denn die verschiedenen Bühnenrollen bedingen ja da ein anderes Leben. Aber ich denke schon, daß die Wahrheit irgendwo in der Mitte liegt, zu unserem Erschrecken haben wir es ja gerade in diesem Teil Deutschlands erlebt, wie wenig die gebrannten Kinder gelernt haben. Das war sicher auch im nachhinein das Fürchterlichste: daß die Erfahrungen so wenig gebracht haben. Und insofern bin ich natürlich auch sehr skeptisch, wieweit die neuen gebrannten Kinder nun gelernt haben. Da erfüllt mich mehr Skepsis als Hoffnung.

Sie sind 1944 geboren, Herr Hein, ich bin Jahrgang 1929 – 15 Jahre älter als Sie. Haben Sie Verständnis dafür, daß meinesgleichen meines Alters nach 1945 unter dem Eindruck des Krieges und der Erkenntnis der Überforderung der Menschen – immer im Namen der Geschichte, im Bewußtwerden von Auschwitz –, haben Sie Verständnis dafür, daß meinesgleichen meines Alters um eine geschichtslose Zeitspanne gebeten haben, auf sie gehofft haben?

Es fällt mir sehr schwer, darauf zu antworten. Dagegen steht meine Geschichtserfahrung, daß dieses nicht möglich ist.

Ich weiß, aber das war die Hoffnung meinesgleichen meines Alters, die Sie vorhin für sich beschrieben haben. Da man wider alle Erfahrung gehofft hat, die Zeit würde nicht gleich wieder so groß werden, wie sie gerade gewesen war.

Die Hoffnung kann ich verstehen. Die Chancen waren wahrscheinlich äußerst gering. Ich merke das ja auch an dem, was nach 45 hier passierte: daß sehr viele, die befangen waren in dem System des Faschismus, aus dem verständlichen Willen und der ehrlichen Absicht, das wiedergutzumachen, sich ins Gegenteil stürzten mit vergleichbaren – nicht gleichen, aber vergleichbaren – Fehlern und mit vergleichbaren Irrtümern. Um etwas gutzumachen, besetzte man das Gegenteil, stürzte man sich in das Gegenteil mit vergleichbaren Ergebnissen.

Was hätte man statt dessen tun sollen?

Es gibt so eine Tradition in der katholischen Kirche, wonach man nach solchen einschneidenden Erlebnissen oder auch persönlichen Fehlern sich für zwei, drei Jahre in ein Kloster zurückzieht und in den zwei, drei Jahren auch nicht redet. Vielleicht wäre das hilfreich, aber das ist für den Verlauf von Geschichte leider untauglich. Es mußte am 8. Mai, mußte am 9. Mai weitergehen. Und eben auch mit den gleichen Leuten, teilweise in den gleichen Positionen. Das ist ein Problem, das Staaten, Gesellschaften eben haben.

Die Beziehungen zwischen den beiden deutschen Staaten, Herr Hein, waren in den vergangenen 20 Jahren von pragmatischen kleinen Schritten aufeinander zu bestimmt, die zu schrittweisen Verbesserungen führten. Langsam. Dann kam der Umsturz in Polen, in Ungarn, in der DDR. Neue Hoffnungen und Chancen, aber auch neue, andersgeartete Nöte und Sorgen sind das Resultat. Sind nach Ihrem Verständnis in der menschlichen Geschichte grundlegende Veränderungen niemals durch Evolution, sondern nur durch Revolution der verschiedensten Art oder durch Kriege möglich?

Reformen würden Sie zu Evolutionen rechnen oder zu Revolutionen? An dieser Frage würde sich das für mich entscheiden. Es gab enorme Reformen in Europa, die Grundsätzliches verändert haben. Falls Sie also die Reformen zu den Evolutionen rechnen würden, würde ich das bejahen... *Daß es auch über Evolutionen geht...* ...daß es auch über Evolutionen geht, ja.

Zur Evolution gehört viel Geduld. Ist Ungeduld ein Menschenrecht?

Ungeduld ist das Menschenrecht, Geduld ist die menschliche Weisheit.

Versuchen Sie bitte, so gut es geht, die Motive, die Gefühle, die Erwartungen, die Sehnsüchte der Menschen zu benennen, die sich jetzt auf Plätzen der DDR versammeln, Deutschland, Deutschland rufen und auf ein besseres Leben hoffen. Welches Gefühlsbündel hat sich da gebildet. Und kann es gegebenenfalls explosiv sein?

Sie haben es wunderbar beschrieben mit dem Ausdruck Gefühlsbündel. Es kommt sehr viel hinzu. Es ist die Enttäuschung über die Jahre, sicher auch die Enttäuschung über den fehlenden eigenen Mut. Es ist die Hoffnung auf ein anderes Leben, auf ein besseres Leben. Ganz materiell auch gesehen. Es ist natürlich die Hoffnung auf die Freiheiten und Freizügigkeiten, die die Deutschen in der Bundesrepublik haben. Es ist die auch ein wenig illusorische Hoffnung, daß nun alles, alles ganz anders und viel besser wird. Vieles davon wird, denke ich, eingelöst werden können. Manches nicht. Was bleiben wird, ist – wie die Bibel sagt – der alte Adam. Aus dem werden wir auch nicht rauskommen. Die Gefährlichkeit, die mögliche Explosion, Explosivität der Dinge fürchte ich ein wenig. Das hat ein wenig damit zu tun, daß wir erst jetzt, wir alle hier, das Land kennenlernen. Bisher gab es eine Einheit: man schimpfte gemeinsam, und zwar nicht nur leise, sondern auch sehr laut. Dies ist jetzt vorbei, und auf einmal ist der, der neben mir schimpfte, eben Mitglied der einen Partei ganz rechts oder ganz links. Es gibt auf einmal einen Klub von schimpfenden, fluchenden Leuten; man trennt sich und schimpft und flucht aufeinander, wo es vorher eine Einigung gab. Ich fürchte ein wenig, daß diese Art Kennenlernen spätestens am Wahlabend doch auch noch zu gefährlich werden könnte. Wir haben, und das ist ganz wichtig, wir haben, ohne eine Gleichsetzung zu machen zwischen Faschismus und Sozialismus, zwischen dem, was hier Sozialismus war – das halte ich für dumm und unannehmbar –, aber es gibt eine Übereinstimmung: nämlich, wir haben keine Demokratie gehabt. Das heißt, wir haben jetzt 55 Jahre lang keine Demokratie gehabt. Keiner von uns hat es gelernt, im politischen Gegner den Partner zu sehen, den man akzeptieren kann, mit dem man sprechen kann. Wir haben in den 55 Jahren im politischen Gegner immer den Feind, den Konterrevolutionär, den Volksfeind, der zu vernichten ist, gesehen.

Haben Sie denn den Eindruck, daß der Westen – das pluralistische System – von diesem Vereint-Denken wirklich frei ist? Ist das nicht, was Sie jetzt formuliert haben, eine geradezu rührende DDR-Illusion?

Es fällt mir ein wenig schwer, darauf zu antworten, weil ich Westdeutschland nicht so gut kenne. Ich merke nur eins: Die großen Hoffnungen, die hier in die Wahl gesetzt werden, das ist nicht vergleichbar mit Westdeutschland. In Westdeutschland weiß man, daß die Wahl ein bißchen was entscheidet, aber welche politische Partei an die Macht kommen wird, das ändert nichts am wirtschaftlichen System. Hier besteht irgendwie die Hoffnung, daß man mit der politischen Wahl die wirtschaftliche Situation grundsätzlich verbessern kann. Das ist nur bedingt richtig. Also hier, denke ich, werden eher übertriebene Erwartungen mit der politischen Wahl verknüpft.

Der nationale Faktor noch einmal, Herr Hein. Die höheren Werte, der Überbau des Materiellen – warum funktioniert dieser Antriebsmotor im Nationalen und nicht oder nicht mehr im Sozialen?

Warum sagen Sie, daß er im Sozialen nicht funktioniert?

Also, sagen wir, eine Folge des breiten Wohlstandes – nicht des tiefen Wohlstandes, den gibt es in der Breite nicht –, eine Folge des breiten Wohlstandes in der Bundesrepublik beispielsweise, eine Folge, glaube ich, überwiegend sozialdemokratisch bestimmter Politik, die auch von der CDU gemacht worden ist in der Bundesrepublik, hat dazu geführt, daß glaubhaft versichert wird: Klassen gibt es nicht mehr. Sie hat auch dazu geführt, daß die Solidarität – Gewerkschaften wissen davon bei uns ein Lied zu singen –, die soziale Solidarität von Benachteiligten kleiner geworden ist. Aber was sich jetzt artikuliert, ist Nationalismus oder Nationalgefühl. In der DDR – so ist jedenfalls meine Erfahrung – haben die Menschen immer ein höheres Interesse an der Bundesrepublik genommen. In der Bundesrepublik hat die Mehrheit, wenn sie nicht persönliche Beziehungen hierher hatte, überhaupt kein Interesse an der DDR genommen. Die nationale Frage war der Mehrheit der Westdeutschen schnurz und piepe. Jetzt ist das ein wichtiger Faktor im westdeutschen Wahlkampf und die Parole – Teil des Gefühlsbündels, wonach ich Sie gefragt habe – bei Demonstrationen in der DDR. Warum funktioniert der nationale Überbau besser als jeder andere. Ganz Osteuropa belegt das. Woran liegt es?

Mit der Nation meinen wir ja eine Zusammengehörigkeit, die Sprache, Kultur und Tradition betrifft. Ich bin nicht sicher, ob dieses wirklich der entscheidende Punkt ist in der geforderten Einheit. Ich denke schon, es hat, und darum hatte ich gefragt, soziale Punkte, die... *werden also national garniert. Ist das, weil die Menschen sich dann auch erhoben fühlen, wenn sie für ihre sehr legitimen materiellen Bedürfnisse ein nationales Gefühl auch mit ins Feld führen können? Was ist Selbstmanipulation daran, was ist Manipulation und was ist wirklich wahr an diesem Gefühl?*

Wenn einer dieses Gefühl hat, wird er sehr darauf beharren, daß er keinerlei materielle Interessen hat oder daß diese materiellen Interessen nicht dieses Gefühl hervorgerufen haben. Insofern ist darüber kaum zu diskutieren, wenn also solche starken nationalen Gefühle da sind. Ich denke auch, durch diese erzwungene Trennung ist ein nationales oder sogar nationalistisches Gefühl stark, sehr viel stärker bei uns, bei den Deutschen speziell in der DDR vorhanden. Ich vermute, daß das soziale Gefälle sehr stark dazu führt, daß dieses in der DDR stärker vertreten ist. Also, der Aufkleber »Wir sind ein Volk«, den kann ich auf den Trabants sehen, auf dem Mercedes habe ich ihn noch nie gesehen in Westberlin. Das hat sicher ein wenig mit diesem sozialen Gefälle zu tun. Aber wenn diese nationalen Gefühle vorhanden sind, werde ich sie auf keinen anderen Punkt zurückführen können. Der, der diese Gefühle hat und äußert, wird sich vehement dagegen aussprechen, daß es etwas irrational ist.

Definieren Sie bitte Ihr Nationalgefühl, Herr Hein!

Ich antwortete bei früheren Fragen, ob ich denn ein DDR-Schriftsteller sei oder ein deutscher Schriftsteller, daß ich ein deutscher Schriftsteller sei, aber da ich in der DDR wohne, sei ich wohl ein DDR-Schriftsteller und es gebe ein paar Besonderheiten in der Literatur, die auch dazu führten, daß man von einer DDR-Literatur sprechen könne. Die beiden Staaten hatten verschiedene Entwicklungen.

Und denkbar wäre es natürlich auch, daß diese Entwicklungen weitergegangen wären. Das hätte, wie ich denke, zu größeren Entfernungen geführt. Es wird jetzt auf jeden Fall zu einem Aufeinander-zu-Gehen kommen. Die Entwicklungen werden auf eine Einheit gehen, ganz schnell oder etwas gemäßigter. Dann wird also auch mein Nationalgefühl sich ein wenig verändern. Ich bin ein Deutscher, aber der Punkt DDR, den ich früher etwas bedächtiger formuliert habe, den würde ich heute unbedingt mehr dazurechnen. Ich habe 40 Jahre lang in diesem Staat gelebt. Ich bin von sehr vielem hier geprägt worden. Ich denke schon, daß auch, wenn der Hein in dieses geeinte Deutschland hineinkommt, irgend etwas von diesen 40 Jahren, die mich geprägt haben und in mir verblieben sind, bleiben wird. Ich gehe da mit ganz offenen Augen, auch was meine eigene Entwicklung betrifft, hinein.

Braucht Ihr Nationalgefühl einen nationalen Staat?

Ich will mal mit einer kleinen Kurve darauf eingehen. Ich möchte im Betracht der deutschen Geschichte, angesichts der Tatsache, daß die Deutschen sehr spät zur Einheit gekommen sind, auch angesichts der etwas fatalen Geschichte – drei große Kriege in diesen wenigen Jahren deutscher Einheit –, mehr aber auch noch, da die Einigung durch Preußen erfolgte – mit sehr verständlichen Reaktionen der anderen deutschen Länder –, eigentlich davor warnen, daß jetzt eine Einheit entsteht, wo es dann so wieder eine Legendenbildung gibt, ähnlich der Einigung, die damals durch Preußen erfolgte. Ich plädiere dafür, daß diese Einheit entsteht und diese Länderstruktur, die offenbar in Deutschland durch die Jahrhunderte immer viel gewaltiger, wirksamer war als dieser zentrale Einheitsstaat... ... *Was Preußen dann veranlaßt hat zu sagen: einer muß das Sagen haben.* Ja. Und das könnte jetzt gerade wieder passieren. Und dann könnten wir in 20, 30 Jahren eine neue Legendenbildung haben, die dann auch wieder diese Einheit mehr als gefährdet. Wenn die Länderstruktur, die durch die Jahrzehnte, durch die Jahrhunderte ganz kräftig blieb, irgendwo zerstört, kaputtgemacht wird. Und Sie wissen besser als ich, wie wenig und wie viel Bayern mit Hamburg zu tun hat. Berlin will die Einheit, und Sachsen will die Einheit. Aber Sachsen und Berlin wollen nicht so sehr viel miteinander zu tun haben. Die Länder waren immer ganz gewichtig. Das sollte bei der künftigen Einheit berücksichtigt werden, sonst wird da schon wieder etwas kaputtgemacht.

Wenn man die Sonntagssprüche und die Aufmarschparolen der Politiker und Ideologen aller Systeme beiseite läßt, Herr Hein, dann läßt sich erkennen, jedenfalls ist das meine Behauptung, daß für die meisten Menschen – für den alten Adam, die alte Eva –, daß für die meisten Menschen nach aller historischen Erfahrung die bekömmlichste Einstellung zur Politik, zum öffentlichen Leben im Distanzhalten liegt. Distanz zur Politik ist des Menschen stärkster Selbstschutz, und nur große Zeiten, sogenannte große Zeiten, verführen ihn zu seiner Aufgabe, zur Aufgabe dieses Selbstschutzes im Distanzhalten. Besteht die Freiheit des westlichen Systems möglicherweise zu einem erheblichen Teil vor allem daraus, daß das System den Menschen nimmt, wie er ist?

Ihm die Distanz läßt, ihn in der Distanz bestätigt – wäre denkbar, würde es dem Staat sehr viel einfacher machen, als Staat zu funktionieren. Also Unterdrückungsmechanismen nach innen und außen zu gewährleisten, was die Aufgabe des Staates international und seit Jahrtausenden ist. Das wäre dann eine der weitreichendsten und gediegensten Staatskonzeptionen.

Ist es richtig, daß Sie von meiner Frage, von der in meiner Frage wurzelnden Behauptung, daß ein wesentlicher Teil der pluralistischen Freiheit darin liegt, daß man den alten Adam, die alte Eva gewähren läßt, daß Sie davon überrascht sind? Welche Vorstellung haben Sie von westlicher Freiheit und vom westlichen Staat, daß Sie dies überrascht?

Überrascht, weiß ich nicht. Aber wie Sie es auf den Punkt gebracht haben, finde ich, ist schon eine glänzende Formulierung genau dessen, was Sie als westliche Freiheit bezeichnen. Ich denke schon, daß das Wort Pluralismus sehr geholfen hat, einen funktionierenden und für Störung wenig anfälligen Staat zu schaffen. Pluralistisch mehrstimmig ist jede Gesellschaft. Dieses gehörte möglicherweise eben mit zu den tödlichsten Punkten in meinem Land, in der DDR; hinzu kam, daß diese Mehrstimmigkeit niedergebügelt wurde, niedergehalten wurde und sich dann doch ein paar Stimmen gewaltig, nicht gewaltsam, aber gewaltig, Bahn brachen. Ich denke, die Rücksicht auf diese Mehrstimmigkeit, auf den Pluralismus, wird für das Bestehen eines Staates entscheidend sein.

Minderheiten haben die von den Mehrheiten akzeptierten Antworten der Regierenden seit Jahren nicht mehr hingenommen. So begann der Widerstand in der DDR. Aber es gibt diese Entwicklung auch in der Bundesrepublik. Wenn Sie in den Westen blicken, Herr Hein, wenn Sie dort beispielsweise in der Politik alternative Gruppen und ähnliche Bewegungen sehen, wenn Sie in manchen Fragen wachsende Zweifel an Mehrheitsentscheidungen wahrnehmen – halten Sie dann für möglich, daß das westliche System, das gerade über das östliche siegt, auch den Keim einer Grundkrise in sich trägt?

Wir haben zur Zeit noch so sehr viel mit unserer Krise zu schaffen. Ich weiß es nicht. Nur – eines weiß ich aus meiner geschichtlichen Erfahrung: daß wir alle nicht sicher sein sollten und schon gar nicht sagen sollten, daß dieses System oder jenes über Jahrtausende geht.

Aber ein Jahrhundert ist auch schon ganz schön...

Ja. Es gab hier immer diese Formulierung vom absterbenden Kapitalismus. Ein Satz, der von der Mehrheit des Volkes, vielleicht von dem ganzen Volk, nur mit Ironie und Witz aufgenommen wurde. Man hat nie so recht daran geglaubt. Ich denke auch, wir wissen, weswegen dieses unsinnig war. Weil der Kapitalismus viel zu flexibel war, auf Sachen einzugehen. Und der Sozialismus, oder dieses, was hier als Sozialismus verkauft wurde, genau daran starb, daß er total unflexibel war und auf nichts eingehen konnte und dann als Betonmauer starb, denn die leiseste Veränderung in einer Gesellschaft zerreißt als erstes den Beton. Das Gras kann überstehen, aber der Beton nicht. Ich denke also, daß es weitere Veränderungen geben wird in jeder Gesellschaft. Das hat auch etwas mit der Hoffnung zu tun...

Ist der Sozialismus endgültig gescheitert?

Der real existierende Sozialismus ist endgültig gescheitert. Die Hoffnung auf eine menschliche Gesellschaft wird bleiben, so wie in den letzten Jahrtausenden. Wir sprachen vorhin von der Bergpredigt – das hat etwas damit zu tun. Insofern wird es immer Modelle geben, wie man hofft, noch weiter zu kommen. Innerhalb eines Systems – etwa des Kapitalismus – oder jenseits dieses Systems; Hoffnungen können immer nur scheitern, aber nicht so richtig untergehen.

Jetzt zunächst die biographischen Fakten über Christoph Hein. Und daraus dann meine Frage. Sie sind, wie schon erwähnt, 1944 geboren in Schlesien. Ihr Vater war Pastor. Nach dem Krieg sind Sie in einer sächsischen Kleinstadt bei Leipzig aufgewachsen. In Westberlin sind Sie zur Oberschule gegangen, weil Sie wegen Ihres christlich-bürgerlichen Familienhintergrunds zunächst nicht die entsprechende Schule in Ostberlin, wo Ihre Eltern jetzt lebten, besuchen konnten. Auch Ihr Universitätsstudium hat sich aus solchen politischen Gründen verzögert. Sie haben daher erst in verschiedenen Berufen – so als Kellner und Montagearbeiter – gejobbt, bevor Sie Regieassistent an der Ostberliner Volksbühne wurden und schließlich Philosophie und Logik in Leipzig und Berlin studierten. Nach dem Studium wieder als Dramaturg ans Theater. Erste Aufführung von Stücken Christoph Heins 1974. Seit 1979 freier Schriftsteller. Das herrschende Regime hat es Ihnen nicht leicht gemacht. Dennoch haben Sie die DDR als Ihren Staat angesehen, warum?

Vielleicht, weil es nicht ganz leichtfiel. Ich glaube, so ein bißchen Widerstand stärkt das Rückgrat. Man überlegte ja – vermutlich wie sehr viele DDR-Bürger – ab und zu einmal, ob man das Land nicht lieber verlassen ...*wollte ich fragen. Haben Sie das erwogen?* Ja, natürlich. Aber wenn dann von sehr hoher Stelle die Mitteilung kommt, man soll endlich verschwinden oder der Fall Hein soll gelöst werden, dann sagt man sich: Nun erst recht. Also, ein bißchen mehr Widerstand hilft beim Leben – er stärkt das Rückgrat.

Kraft, Mut und Rückgrat haben Sie sich und Ihren DDR-Schriftstellerkollegen in einer Kongreßrede im November 1987 gewünscht. In dieser Rede sind Sie für die Aufhebung der Zensur eingetreten. Was macht für Sie einen Menschen verächtlich?

Es fällt mir schwer, darauf zu antworten, weil ich immer, wenn ich jemanden traf, der in meinen Augen verächtlich war, wirkte, sehr bald – wenn ich die Hintergründe kennenlernte – auch wieder Verständnis entwickeln konnte. Ich bin als Richter ungeeignet. Verächtlich – vielleicht, wenn einer entgegen seinen Überzeugungen handelt. Aber selbst da gibt es häufig genug irgendwelche Hintergründe, die dann wieder etwas erklären. Ich bin nicht sehr hart im Beurteilen von Menschen.

Vergangenheitsbewältigung, Herr Hein. Für die Deutschen gleich zweimal fällig in knapp 50 Jahren. Nach dem Ende des NS-Reichs von 1945 und jetzt im Blick auf die bisherige DDR. Was erwarten Sie von diesem zweiten Anlauf der Vergangenheitsbewältigung im Vergleich zu dem ersten 1945, von dem viele meinen, daß er nicht sehr weit geführt habe?

Ich hatte in einer Tucholsky-Rede Anfang des Jahres darüber gesprochen… Tucholsky hatte den Wunsch geäußert, er möge einmal in seinem Leben erleben, daß die deutschen politischen Gefangenen und ihre Richter die Rollen tauschen. Ich sprach davon, daß er, wenn er zehn Jahre länger gelebt hätte, es einmal hätte erleben können. Wäre er 100 Jahre alt geworden, hätte er es zweimal erleben können. Ich äußerte die Befürchtung, daß er es zu seinem 150. Geburtstag vielleicht zum drittenmal erleben könnte. Skeptische Zuversicht. Ich hoffe, daß wir etwas lernen, und ich fürchte, wir werden so sehr viel nicht lernen. Die Geschichte belegt es jedenfalls.

Was müßten wir zuallererst lernen?

Ich denke, das, wofür ich mich in den letzten drei, vier Monaten besonders eingesetzt habe, für Demokratie. Daß wir es lernen, im politischen Gegner auch den Partner zu sehen. Daß wir es lernen, daß es wirklich eine vielstimmige oder – wie man im Westen sagt – pluralistische Gesellschaft ist, wo alles auch mit dazugehört. Wo ich die Hoffnung und das Blut der andern als einen Wert ansehe und nicht als etwas Verächtliches. Sie sind so viel wert wie mein Blut, wie meine Hoffnung. Damit haben, glaube ich, wir Deutschen uns ein wenig schwergetan.

Sie sind Mitglied der Kommission, die die polizeilichen Übergriffe bei den Demonstrationen Anfang Oktober vergangenen Jahres untersucht. Was haben Sie dabei gelernt über Täter und Mitläufer?

Bei den Tätern, da kam dann – Sie sprachen davon vorhin – sehr viel Verächtliches. Dumme Erklärungen voll Selbstmitleid, die so weit gingen, daß man versuchte sich als Widerstandskämpfer darzustellen. Widerstand, eben bis hin ins Politbüro. Das war unangenehm und lächerlich und widerlich. Bei den Opfern gab es eine Merkwürdigkeit. Ich besprach es mit verschiedenen Mitgliedern der Kommission, die ähnliches erlebten. Und zwar nicht nur in Berlin, sondern auch in der DDR. Daß die wirklichen Opfer, die Leute, die im Oktober geprügelt worden sind, viel eher bereit waren, zu vergeben oder zumindest mit Ruhe darauf zu reagieren. Bei jenen, die erst sehr viel später den Mut hatten, auf die Straße zu gehen, da war so eine gewisse Bereitschaft zur Lynchjustiz. Ich habe lange darüber nachgedacht. Ich denke, es hat ein bißchen mit dem Aufarbeiten der eigenen Geschichte zu tun. Ich glaube, der, der schon vor dem Oktober 89 oder im Oktober 89 seine Haltung gezeigt hat – ich will gar nicht sagen Widerstand geleistet hat, das ist ein großes Wort –, aber seine Haltung gezeigt hat auch gegen ein herrschendes System, hat es jetzt einfacher, mit sich hinzukommen. Denn er hat Haltung gezeigt, Flagge gezeigt. Einfacher als jene, die erst, als der Staatssicherheitsdienst aufgelöst war, den Mut hatten, auf die Straße zu gehen. Ich denke, diese Leute haben große Schwierigkeiten, mit ihrer eigenen Vergangenheit mitzugehen. Mit dem Schweigen, mit dem Immer-wieder-Zurück-stecken. Ich denke, diese Heftigkeit einiger Demonstranten heute hat etwas damit zu tun, daß sie persönliche Schwierigkeiten mit der eigenen Geschichte haben... *Unbewußt?* Unbewußt, natürlich.

Was sind Ihre nächsten Arbeitspläne? Eine zeitlich verfremdete Parabel über das selbstgewählte Ghetto von Wandlitz, über die Ritter der Tafelrunde noch hinaus?

Nein, ich bin heilfroh, daß ich diese Ritter der Tafelrunde vor vier Jahren geschrieben habe. Das könnte ich heute gar nicht schreiben, es würde vielleicht nur noch eine bitterböse journalistische Story werden. So hat es doch noch etwas mit meinen Hoffnungen, Utopien zu tun. Wie ich hoffe, ein ziemlich genaues, relativ genaues Aufzeigen eines Zustandes. Aber – ich habe mich immer als Chronist verstanden, meinen Beruf Schriftsteller als Chronist, der mit literarischen Mitteln das aufzeichnet, was er sieht. Insofern werde ich unverändert an dieser Arbeit festhalten können, und so wie ich früher über die Opfer des Stalinismus geschrieben habe, werde ich, wie ich fürchte, künftig über die Opfer der Entstalinisierung schreiben müssen.

Erlauben Sie mir eine letzte Frage. Sie sind verheiratet mit einer Dokumentarfilmerin und haben zwei Söhne. Was ist Ihnen und Ihrer Frau am wichtigsten in der Erziehung Ihrer Kinder?

Das war dieses, was Sie vorhin sagten, mit der Haltung. Ich bin ganz froh, daß wir das beiden Söhnen vermitteln konnten. Daß die Haltung wichtiger war. Und sie haben dafür auch einiges in Kauf nehmen müssen. Sie haben in der Schule auch Flagge gezeigt trotz der damals üblichen Strafmaßnahmen. Also, Verbot eines Studiums in der Sowjetunion usw. Daß sie dieses irgendwo – ich will nicht sagen, übernommen haben –, aber vielleicht, daß wir das als Elternhaus haben weitergeben können und sie dadurch ein bißchen aufrechter gehen konnten und gehen. Also, der Wert der eigenen Haltung – das Rückgrat...

Hans Modrow

Die Wahl zur Volkskammer der DDR ist vorüber. Mein Partner in der Reihe »Zur Person« ist jetzt Hans Modrow. Ministerpräsident der DDR während der Übergangszeit. Nothelfer in schwieriger Lage. Zur Person Hans Modrow. Der Mann, der das Regierungsamt aufgibt, aber weiter in der Politik sein wird. Herr amtierender Ministerpräsident, können Sie Ihre Empfindungen, die persönlichen wie die politischen, nach der Volkskammerwahl des 18. März beschreiben?

Die persönlichen – es geht ein Abschnitt in meinem politischen Wirken zu Ende, auf den ich eingestellt war, denn der 18. März war der Termin, den ich selber beeinflußt habe. Ich war dafür, daß Wahlen stattfinden, und damit ist sozusagen ein Zeitmaß gesetzt. Die politischen Überlegungen – wenn ich das Wahlergebnis meiner Partei, der PDS, sehe, würde ich sagen: Wir haben erreicht, was möglich war. Wir haben uns darum bemüht. Und was andere Fragen anbetrifft, hier glaube ich, liegt eine Situation vor uns, die noch viel Analyse, viel Überlegung erfordert.

Sagen Sie mal, brauchen Sie viel Schlaf und haben Sie den gekriegt in den letzten Monaten?

Eigentlich brauche ich nicht viel Schlaf, aber es war zuwenig. Man hätte ein wenig mehr gebraucht.

Haben Sie abgenommen?

Zunächst habe ich abgenommen gehabt. Ich hatte 79 Kilo, war auf 73 runter, bin jetzt etwa wieder so zwischen 74 und 75 angekommen.

Was hat Ihre Frau gesagt, wenn Sie sie gesehen haben in diesen Wochen?

Nun, wir haben natürlich eine Phase gehabt, wo ich drei Monate in Berlin alleine in einem Hotelzimmer lebte. Da waren wir froh, wenn mal ein Wochenende war. Zwei sind's in der ganzen Zeit gewesen, einmal konnten wir uns in Dresden treffen und das andere Mal hier in Berlin. Sorge gab es, aber kein Mitleid, sondern ein gutes Empfinden, das man nach 40 Jahren Ehe dann füreinander hat.

Wann haben Sie morgens angefangen zu arbeiten?

Ich bin stets um 7.30 Uhr im Büro gewesen.

Hans Modrow, Ministerpräsident der Deutschen Demokratischen Republik seit dem 13. November 1989, Regierungschef eines Landes im Transit, Nothelfer für eine Übergangszeit. Modrow – ein Objekt künftiger Geschichtsschreibung. Die DDR steuert auf eine Vereinigung mit der Bundesrepublik zu oder auch auf ihren Anschluß an die reichen Vettern. Wann haben Sie erkannt, Herr Modrow, daß eine noch für geraume Zeit, für Jahre andauernde Eigenstaatlichkeit der DDR verloren war?

Sie wissen, daß ich in meine Regierungserklärung dieses Wort von der Vertragsgemeinschaft aufgenommen und geprägt habe. Da war natürlich die Vorstellung, daß es um einen längeren Zeitabschnitt gehen wird. Und es ist nicht unbekannt, daß ich dann Ende Januar in die Sowjetunion gereist bin, und in dieser Phase habe ich erkannt und begriffen, daß es notwendig ist, zu einem neuen Konzept zu finden, und das war eigentlich die Phase, in der mir das bewußt wurde. Und so erklärt sich dann auch meine Initiative für »Deutschland einig Vaterland«.

Warum ist es Ihnen im Januar bewußt geworden? War das Folge der Entwicklung in der DDR, wo das Tempo immer schneller wurde, war es Folge der Gespräche in Moskau? Was hat für Sie den Anstoß gegeben, über die Vertragsgemeinschaft hinaus die Vereinigung der beiden Staaten relativ bald anzusteuern?

Es sind, glaube ich, mehrere Faktoren. Der erste: Wenn man die Phase dieser Entwicklung in sich aufnahm nach

Mitte November, war klar, alles, was wir – und das muß man so offen aussprechen – uns mal eingebildet haben über die Möglichkeit der Herausbildung einer eigenen DDR-Nation, das, zeigte sich, ist nicht vollzogen. Es ist eine Nation geblieben, und damit ist auch die Frage einer Zweistaatlichkeit keine weitreichende Perspektive. Das ist der eine Fakt, den ich begriff. Der zweite: Es war natürlich auch nicht zu übersehen, daß insbesondere im Süden des Landes – in Leipzig, aber auch anderswo – die Frage nach der Vereinigung der beiden Staaten gestellt wurde. Und der dritte: Ich bin in die Sowjetunion gereist, nicht um dort erst zu hören, sondern um auch selber Standpunkte zu diskutieren. Und daraus erwuchs diese Initiative, die nicht gewachsen war, um jemandem vorwegzulaufen, sondern die entstanden war, um wirklich Verantwortung zu übernehmen in einem Prozeß, wo Europa von uns, den Deutschen, erwartete, daß wirklich schrittweise und mit einem Konzept, das Frieden, Vertrauen zu diesem Vereinigungsprozeß schaffen konnte, an die Frage der Vereinigung herangegangen und nach einer Lösung gesucht wird.

Aber – ist Gorbatschow nicht ebenso wie Ihnen und fast allen anderen Politikern in Europa gegenüber der Entwicklung in den beiden deutschen Staaten – vor allem in der DDR, denn das Interesse an der Vereinigung ist ohne Frage nach meinem Eindruck in der DDR sehr viel stärker als in der Bundesrepublik –, ist nicht den Politikern die Entwicklung einfach aus dem Ruder gelaufen?

In einem gewissen Umfang ja, aber ich muß Ihnen sagen: für mich war natürlich – ich will das ruhig so sagen – verblüffend, als ich diese Begegnung in Moskau mit Michail Sergejewitsch Gorbatschow hatte, gab es keine Pressekonferenz danach, sondern es gab zunächst, bevor wir in das Gespräch gegangen sind, die Frage an ihn, wie er die Frage einer Vereinigung sieht. Und dort hat Gorbatschow gesagt: Das wird Sache der Deutschen selber sein. Die Sowjetunion wird einem solchen Schritt nicht im Weg stehen, wenn er sich unter Beachtung europäischer Friedensinteressen vollzieht. Also, es war bereits im Vorfeld zu erkennen, daß auf sowjetischer Seite dieses Gespräch auch mit Überlegung vorbereitet war.

Derzeit, so scheint es mir, nach der Volkskammerwahl, nach dem Ergebnis der Volkskammerwahl besteht doch das Problem darin, daß das Tempo der innerdeutschen Entwicklung, also das Tempo in den beiden deutschen Staaten, nicht synchron ist mit der außenpolitischen Regelung der deutschen Frage. Die außenpolitische Regelung der deutschen Frage ist weithin noch offen. Das Tempo der innerstaatlichen Vereinigung ist atemberaubend schnell. Haben Sie eine Vorstellung, was die vier Siegermächte oder die Sowjetunion noch tun können, um die Synchronisierung der innerdeutschen Entwicklung und der außenpolitischen Regelung der deutschen Frage wieder herbeizuführen?

Zunächst, möchte ich sagen, nicht k ö n n e n , sondern, ich würde sagen, sie m ü s s e n . Sie müssen, weil die vier Siegermächte natürlich die Interessen Europas im Auge haben müssen – internationale Interessen. Denn bei allem, was ich in den letzten Wochen persönlich erlebte, war zu spüren, daß unsere Nachbarn – und ich hab bekanntlich Gespräche in Polen geführt, ich hatte eine Begegnung mit dem Präsidenten Frankreichs, mit Herrn Mitterrand –, überall war zu spüren: man erwartet, daß der Prozeß synchron verlaufen soll... *Aber er tut es nicht...* Aber er tut es nicht. Daher war auch im letzten Gespräch mit Michail Sergejewitsch Gorbatschow von meiner Seite die dringlichste Bitte, hier auch im Zusammenwirken über Vier-plus-zwei und über gründlichere Arbeit aus dem Diskussionsstand über ein Helsinki II herauszukommen, um in Konstruktivität miteinander zu gehen.

Herr Modrow, Sie sprechen wie das, was Sie sind: Sie sprechen als Politiker. Kann es einem Politiker passieren, daß er die Achseln zucken muß und sagen: Ich kann die Entwicklung nicht mehr steuern.

Ja, das kann ihm passieren...

Kann es sein, daß es derzeit den europäischen Politikern mit der deutschen Frage so geht?

Ja, weil, nach meinem Eindruck, sie selber ein zu geringes Konzept für diesen Prozeß haben und die Meinungen unterschiedlich sind und auseinanderlaufen. Selbst das, was sich ja in Prag zwischen den Außenministern der RGW-Staaten, des Warschauer Vertrages vollzogen hat, ist natürlich auch ein Ausdruck dafür, daß dieser Prozeß schneller läuft.

Zweimal haben Sie Bundeskanzler Kohl offiziell getroffen. Ende Dezember 89 in Dresden und Mitte Februar dieses Jahres in Bonn. Nach Hause gebracht haben Sie davon wenig. Hat Helmut Kohl Sie im Regen stehenlassen, hat er Sie im Stich gelassen, verglichen mit dem, was er in Dresden als Solidarbeitrag noch angekündigt hatte, oder hatte er ihn gar nicht angekündigt? War das nun wieder von Ihnen ein bißchen überbetont? Hat Kohl Sie im Stich gelassen, weil er im Wahlkampf der DDR-Regierung nicht mehr helfen wollte?

Zunächst – in Dresden ging die Diskussion um den Lastenausgleich – ja oder nein. Das war meine Formulierung. Und die Solidarhilfe war konkret die Bezeichnung von Herrn Kohl auf der Pressekonferenz. Es ist also sein Begriff, und es war sein Wort. Und wenn Sie sagen: im Regen stehenlassen, dann hat er nicht Modrow im Regen stehenlassen, sondern im Prinzip die Bürger der DDR. Und er hat versucht, das alles für den Wahlkampf zu nutzen, um zu sagen: Und danach werdet ihr es bekommen.

Können Sie als Politiker insgeheim verstehen, daß Kohl mitten im Wahlkampf nach einem solchen Konzept gehandelt hat?

Nein, ich kann das aus folgendem Grunde nicht verstehen: Ich bin während meiner gesamten Regierungszeit – und ich wußte, daß es eine kurze sein wird – immer von nationaler Verantwortung ausgegangen. Und bei Herrn Kohl hatte ich immer das Gefühl, daß am Ende Wahlkampfkonzepte vor wirklicher nationaler Verantwortung standen.

Haben Sie sich als Bittsteller gefühlt in Bonn?

Nein, als Bittsteller nicht, weil ich glaube, die Bürger der DDR haben auch ein Recht darauf, eindeutig und klar solche – ich möchte es ruhig sagen – Forderungen zu stellen. Und daß wir über diese Phase hinweggekommen sind – ohne einen Solidarbeitrag, spricht für den Fleiß, die Verantwortung der Bürger dieses Landes.

Wie haben Sie sich behandelt gefühlt in Bonn?

Keinesfalls in der Art von Politikern, die gemeinsam die große Verantwortung für unsere Nation empfinden. Und damit meine ich die Verantwortung für die Bürger in der DDR und der Bundesrepublik, die nicht eindeutig klar gemeinsam getragen wurde. Und ich will hier an eine Sache ruhig anknüpfen. Herr Eppelmann sagte in dem Gespräch: »Die Feindbilder haben wir zu Hause abgebaut, als Herr Modrow und Herr Eppelmann in eine Regierung gingen.« Aber im Empfinden seitens der Medien der Bundesrepublik – und er ging nicht soweit, auch andere zu erwähnen – wurden diese Feindbilder offensichtlich noch nicht so abgebaut, wie es beim Zusammenwachsen der beiden deutschen Staaten nun für die Zukunft eigentlich notwendig ist.

Glauben Sie, daß nach dem vorliegenden Ergebnis der Volkskammerwahl eine solche Polarisierung sich jetzt abbauen wird, oder ist das Ergebnis eher so, daß Sie weitere Polarisierung in Deutschland erwarten?

Ich glaube, man muß sie erwarten, und zugleich ist es natürlich ein Ergebnis, das man in einer Demokratie zu akzeptieren hat.

Modrow, die Geschichtsquelle. Herr Modrow, wie war das mit dem Fall der Berliner Mauer am Abend des 9. November 89. Ich will in Erinnerung rufen: Politbüromitglied Schabowski – damals hatte die SED noch ein Politbüro, und Sie waren in das erneuerte gerade hineingehievt worden –, Schabowski teilte den Fall der Mauer ganz beiläufig, wie selbstverständlich am Rande einer Pressekonferenz mit. Keine Vorankündigung. Keine rechtzeitige Unterrichtung der Grenzposten, wie man hört. Alles sozusagen im Handstreich. Was war geschehen? Rechnete die damalige Führung mit

Aufruhr, dem sie zuvorkommen wollte durch Ventilöffnung? Oder erhoffte sie sich durch das Unvermittelte ein emotionales Bündnis mit dem Volk? Was war am 9. November 89 der Anlaß, beiläufig mitzuteilen: Die Mauer ist offen?

Den gesamten inneren Prozeß kann ich Ihnen in Details hier nicht wiedergeben, weil er erwachsen ist – nach meinem Eindruck – aus all den Ereignissen, die damals im Sommer in Ungarn vor sich gingen, auch aus der Bewegung über Prag. Und es war bekannt, daß beide Länder nicht mehr bereit waren, dieses Problem sozusagen auf ihrem Buckel austragen zu lassen. Man stand also in einer konzeptionslosen Lage. Und das, was an Entscheidungen getroffen wurde, ist nach meinem Eindruck gewissermaßen aus der Panik entstanden, nicht aus einem wirklichen Konzept.

Wie haben Sie davon erfahren, daß die Mauer offen ist?

Nun, es fand ja an diesem Tag noch eine Tagung des damaligen Zentralkomitees statt. Und am Abend wurde dann mitgeteilt: Es ist so entschieden und es wird in dieser Weise verfahren.

Sie sagen, es war eine Panikentscheidung?

So ist es. Und ich selber habe... *Haben Sie an ihr mitgewirkt?* Ich habe nicht an ihr mitgewirkt, sondern ich habe sie erlebt. Denn zu dem Zeitpunkt war ich in keiner Verantwortung, die mich in irgendeiner Weise einbezog. Aber ich habe den Abend – wenn ich es hier sagen kann – mit einem Erlebnis in Erinnerung. Ich ging abends spät aus dem Gebäude dieses damaligen Zentralkomitees in mein Hotel. Und da traf ich einen Jungen – ich schätze, er war vielleicht 17, 18 Jahre –, der mich fragte, ob ich davon gehört habe, daß die Grenzen offen seien. Da habe ich ihn gefragt: Na und warum interessiert es? Naja, sagt er, ich wollte eigentlich weg, aber dann bin ich doch nicht weg, und vielleicht werde ich es jetzt tun. Ich fragte: Warum? Ja, mit den Eltern verstehe ich mich nicht. Und Vater und Mutter haben wenig Verständnis für meine Probleme. In der Unterhaltung fragte ich dann: Wie heißt du denn, wie alt bist du? Da erwiderte er: Na, wenn Sie meinen Namen wissen wollen, dann möchte ich auch Ihren wissen. Ich sagte: Ich heiße Hans Modrow. Worauf er dann sagte: Ach so, dann sind sie wohl der Dresdner Oppositionelle.

Dies ist eine wie bestellte – aber sie ist nicht bestellt, ich kannte die Geschichte nicht –, es ist eine wie bestellte Überleitung zu meiner nächsten Frage. Ich gehe ein paar Wochen weiter zurück in der Wende der DDR. In den Oktober des vergangenen Jahres. Honecker und die Seinen kämpften ums politische Überleben. Die Demonstrationen gegen das Regime wurden massiver – auch in Dresden, wo sie als erster Parteisekretär der SED für den Bezirk vom System her die oberste politische Führung innehatten. Einerseits harter Polizei- und Stasieinsatz gegen Demonstranten. Andererseits Versuche zu gewaltloser Verständigung. Von einigen wird Ihre verantwortliche Mitwirkung an den Knüppeleien hervorgehoben. Andere nehmen Sie dagegen in Schutz und betonen Modrows vermittelndes dämpfendes Wirken. Akteneinsicht war mir bei der Vorbereitung des Interviews nicht möglich. Geben Sie mir bitte I h r e Darstellung Ihrer Verstrickungen, Fehler oder Ihres Wohlverhaltens in jener Zeit in Dresden, Herr Modrow!

Es sind, wie Sie sagen, Fehler, es sind Verstrickungen, es sind aber vor allem von vornherein stets Überlegungen gewesen: Wie erreicht man eine Gewaltlosigkeit? *Von wann an waren das Überlegungen?* Fehler begannen da, wo in verantwortungsloser Weise entschieden wurde, Züge durch Dresden fahren zu lassen, die aus Prag kamen... Es waren die Flüchtlingszüge, die aus Prag kamen. Und es war im Prinzip eine Paniksituation, als Tausende auf diesen Bahnsteig wollten. Das Bahnhofsgebäude hat Schaden genommen. Menschen standen in einer Situation, wo Gefährlichstes erwachsen und entstehen konnte.

Wer hatte entschieden, daß die Züge nicht um Städte herumgeleitet, sondern durch Dresden durchgeleitet würden?

Ich habe zu dem Zeitpunkt mit dem damaligen Minister für Verkehrswesen telefoniert, mit Otto Arndt. Ich hab ihn gebeten, das zu ändern, es so nicht geschehen zu lassen.

Und er erklärte mir, er habe Aufträge, die ihm nicht ermöglichen, noch eine Änderung herbeizuführen.

Halten Sie für möglich – das wird gelegentlich gesagt –, daß Ihre Gegner im Politbüro der SED, für die Sie der Oppositionelle aus Dresden waren, wie der junge Mann, den Sie getroffen haben am Tag, als die Mauer fiel, formulierte – halten Sie für möglich, daß man Ihnen Schwierigkeiten machen wollte in der Spitze des Landes?

Es kann das eine sein – und ich schließe das nicht aus. Und es war zum anderen diese bornierte Haltung: man müsse über einen bestimmten Teil des Territoriums der DDR fahren, damit der DDR-Bürger seine Ausweispapiere abgibt, um dann in der Bundesrepublik nicht mehr als ein solcher zu erscheinen.

Kommen wir zurück zu meiner Grundfrage. Verstrickungen von Hans Modrow in die Verantwortlichkeit auch für den Knüppeleinsatz – ja oder nein?

Nein, weil ich in keiner Weise in Befehlsstrukturen dieser Art eingegriffen habe, auch nicht einbezogen war. Das sind Dinge, die immer in den jeweiligen Bereichen und Strukturen entschieden wurden – ob es die Polizei war oder andere Kräfte, die zum Einsatz kamen. Ich habe in keiner Weise irgendwelche Weisungen und Anweisungen und Befehle gegeben. Denn das ist überhaupt nicht meine Möglichkeit, meine Verantwortung gewesen. Und ich war nie Polizeioffizier, sondern ich bin immer in politischer Verantwortung gewesen...

Herr Modrow, ich konnte, ehe ich das gesagt habe, bei der Vorbereitung dieses Interviews dieses nur bis zu einem gewissen Grad überprüfen. Ich frage Sie jetzt: Das Selbstzeugnis, das Sie sich jetzt ausgestellt haben – zu dem werden Sie stehen?

Zu dem Zeugnis werde ich stehen, und zugleich weiß ich, daß natürlich politische Beratungen durchgeführt wurden, Einschätzungen, wo wir die Lage beurteilt haben. Telegramme, die ich nach Berlin geschickt habe, um auf diese Lage aufmerksam zu machen. Und wenn man den genauen Ablauf nimmt: Es fiel zum erstenmal in Dresden die Entscheidung, die zur Gewaltlosigkeit führte. Berghofer war angesprochen worden von den Herren der Kirche – dem mir gut bekannten Bischof Hempel, dem Superintendenten Ziemer –, und wir waren uns beide einig, daß wir die Herren der Kirche bitten, Gespräche mit jenen jungen Leute aufzunehmen, die auf der Prager Straße saßen. Und es ist daraus zu einem frühen Zeitpunkt die Gruppe der Zwanzig entstanden. Und sie wurde einbezogen in das Leben der Stadtverordnetenversammlung, und damit vollzog sich auch dieser Übergang, nicht nur zur Gewaltlosigkeit, sondern auch zu einer demokratischen Einbindung.

Am 18. Oktober trat Erich Honecker von allen Partei- und Staatsfunktionen zurück. Es gibt inzwischen manche Berichte über Honeckers Entmachtung. Wie erfolgte diese Entmachtung nach Ihrer Erinnerung, Herr Modrow?

Ich würde zunächst sagen: Entmachtung ist richtig, aber Sturz wäre falsch. Wie war der Prozeß? Es gab die bekannte Erklärung des Politbüros, die am 10. und 11. beraten wurde. Eine – ich möchte heute sagen – sehr klägliche Erklärung. Fern und weit weg von dem, um was es eigentlich ging. Und es gab am 12. eine Beratung des Sekretariats des ZK mit den Ersten Bezirkssekretären. Nachdem Honecker seine Darlegung gemacht hatte, ergriff ich als erster das Wort. Und da unter den ersten Bezirkssekretären ja auch Mitglieder dieses damaligen Politbüros waren, wie Schabowski und andere, war meine erste Frage, ob das, was Herr Honecker uns dargelegt hatte, das Ergebnis von zweitägiger Beratung sei. Es sei fern von der eigentlichen Situation. Und als ich dann begann, meinen Standpunkt darzulegen, wurde ich von Honecker unterbrochen mit der Bemerkung, das, was ich darlegte, seien Plattformen. Ich habe mich wohl mit einer Plattform auf diese Beratung vorbereitet... *Er unterstellte eine Fraktionsbildung...* Er unterstellte mir das. Ich muß sagen, daß dann auch Chemnitzer und Jahn mit sehr grundsätzlichen Wertungen zur Lage auftraten. Alle anderen waren gemäßigt. Auch einige, die gegen meine Haltung auftraten. Aber offensichtlich war das der Ausgangspunkt. In einer nachfolgenden Sitzung des Politbüros, wo – nach meiner Kenntnis – Honecker das nicht auswertete, stellten Krenz, Stoph und zwei, drei andere ihm die Frage: Warum wird hier nicht offen gesagt, was eigentlich in dieser Beratung vor sich gegangen ist? Und Stoph war es dann, der Honecker aufforderte, zurückzutreten. Es war also kein Sturz, sondern der Versuch, noch einmal einen Übergang zu schaffen und zu gestalten.

Was war das Erzübel des alten Regimes, dem Sie lange gedient haben – wir werden darauf kommen. Was war das Erzübel?

Ich glaube, das Erzübel bestand zunächst darin, daß wir vieles übernommen haben, was man heute mit Recht als Stalinismus, als stalinistische Züge bezeichnet. Und was ich – vor allem in den nachfolgenden Wochen – bei all diesen Dingen empfunden habe: Es ist in der Tat so, man hat nach Recht und Gesetz an und für sich nicht gefragt. Denn die Dinge, die man heute insbesondere auch bei all den Untersuchungen zum Vorwurf macht, zeigen, daß man eigentlich kein Recht und kein Gesetz festgelegt hat, an das man selber gebunden war...

Wann haben Sie das gemerkt?

Diesen Teil in der Tiefe erst, seitdem ich selber Verantwortung trage nach der Wende. In der anderen Art hatte ich natürlich – und das ist nicht die Frage von Recht und Gesetz, das ist die Frage von Leben und Lebenshaltung – schon lange gemerkt, daß die Herren zu dem, was im Lande vor sich ging, keinerlei Beziehung besaßen. Und ich merkte an Berichten, die ich monatlich zu schreiben hatte, daß meine Betrachtungsweise offensichtlich in einer anderen Welt existierte als jener, die man oben, in dem damaligen Politbüro, besaß.

Ich komme noch einmal darauf zurück. Aber ich will es jetzt an der Stelle schon einmal fragen. Haben Sie in diesen Jahren – Sie waren seit 1973 der Erste Parteisekretär der SED im Bezirk Dresden –, haben Sie in diesen Jahren, in denen Sie einen immer größe-

ren Abstand zwischen der Realität und dem, was die Parteispitze, das Politbüro, davon wahrnahm, erkannten, haben Sie jemals dran gedacht, einen Rücktritt, wie immer der sich hätte abspielen können, im System, zu vollziehen, zu sagen: Damit will ich nichts zu tun haben, und ändern kann ich's nicht?

Es ist so. Gute Freunde wissen, daß mein Slogan in der Zeit war: Als Botschafter in der Mongolei könnte man eventuell noch tätig sein. Das heißt, ich wußte, daß ich immer in einer Situation lebe – insbesondere seit Beginn der 80er Jahre, aber ich kann auch ein genaues Datum sagen: seit dem 25. Januar 1985 –, daß ich praktisch in einer Situation lebe und mich befinde, wo ich bestenfalls mithelfen kann, Schaden abzuwenden: dafür zu wirken, daß Sinn zum Realismus irgendwo mit durchgekämpft werden kann. Und das war dann eigentlich meine Haltung. Ich sah nicht im Kapitulieren und Weggehen eine Möglichkeit und Chance, sondern hoffte vielleicht doch etwas auch in Verantwortung zu erreichen.

Erklären Sie bitte das Datum vom 25. Januar 1985!

Das war eine Sitzung im Zentralkomitee des Sekretariats. Und ich hatte eine Vorlage eingebracht, die sich auf den Wiederaufbau des Dresdner Schlosses bezog. Man hatte mich vorher gewarnt und gefragt, was ich mit dieser Vorlage eigentlich wolle. Man möchte sie nicht haben. Und ich habe gesagt: Wenn die Oper aufgebaut ist, dann muß es in Dresden mit dem Aufbau historischer Gebäude auch weitergehen. Ich kann nicht danach fragen, ob es gefällt oder nicht. Dieses Schloß ist mir dann später auch häufig vorgehalten worden. Und als ich sagte: Danke, daß man eine solche Vorlage vorlegen darf, sagte Honecker: Damit warte noch mal. Und dann gab es eine Auseinandersetzung darüber, welche Vielfalt von Ideen und Überlegungen ich eigentlich hätte. Man war mit meinen Vorstellungen über notwendige Veränderungen nicht einverstanden, und damit war klar: Die Auseinandersetzungen werden beginnen.

Zur Person Hans Modrow. Es gibt eine Unklarheit in den Unter-

lagen. Zum einen steht geschrieben, Ihr Vater sei Arbeiter gewesen, was kleidsam für einen SED-Lebenslauf ist. Zum anderen heißt es, Ihr Elternhaus habe zum Mittelstand gehört, Ihr Vater sei Bäckermeister gewesen. Also: Arbeiter oder Bäckermeister?

Mein Vater hatte eigentlich drei Phasen in seinem Leben. Und die erste ist die allerwichtigste. Er war Seemann, und zwar sozusagen mit Beginn des Jahrhunderts. Er war stolz, daß er sechsmal um Kap Hoorn gesegelt war. Und im ersten Weltkrieg ist er mit einem Vorpostenboot untergegangen, das Schiff ging unter, und er war mehrere Stunden im eiskalten Wasser. Und war damit nicht mehr in der Lage, diesen Beruf auszuüben. Er hat Bäcker gelernt. Er war auch Bäckermeister. Als ich geboren wurde, war er noch Bäckermeister. Dann ging er pleite mit der Krise Ende der 20er Jahre. Und großgeworden bin ich dann in einer Arbeiterfamilie. Er arbeitete in Stettin in einer Art Remaabteilung. Und das war dann sozusagen meine Kindheit.

Hans Modrow, geboren am 27. Januar 1928 im heute polnischen Jasienica, Kreis Ückermünde, nahe dem Stettiner Hafen. Nach der Volksschule haben Sie Maschinenschlosser gelernt. War Ihr Elternhaus politisch geprägt, oder war es eher bestimmt von dem verständlichen Bestreben, möglichst Distanz zu halten zur Politik, um glatt, unauffällig, ungeschoren durchs Leben zu kommen?

Nein, wenn ich die Biographie meines Vaters nehme, so war es eigentlich ein frühzeitiger Schritt, daß er dieser NSDAP beigetreten ist. Aber, was das Leben selber in der Familie betrifft, sah er sich daran eigentlich nicht gebunden. Und in den letzten Jahren, vor allem in den Jahren des Krieges, war er eigentlich nie ein Treuer auf dieser Seite, sondern wollte ein Ungebundener sein. Und er hat eine letzte Phase in seiner Arbeit gehabt, wo er dann auf einem Bahnhof arbeitete. Und dort waren – wie das in der Nazizeit üblich war – Leute aus verschiedenen Ländern, beispielsweise aus Dänemark, zwar nicht in Konzentrationslagern inhaftiert, aber zur Arbeit verpflichtet. Und ich empfand, daß dort der Seemann wieder zum Vorschein kam, ein Internationalist, der sich dann mit diesen Menschen verbunden hat.

Sie waren 17 Jahre alt, als Sie zum letzten Aufgebot von Hitlers Deutschland einberufen wurden – Anfang 1945. Die Flakhelfer- und Volkssturmkinderjahrgänge. Der halbwüchsige Hans Modrow kam in sowjetische Gefangenschaft, wo er in einem Holzfällerlager arbeitete und auch eine Schule für antifaschistische Umerziehung besuchte. Rückkehr nach Deutschland zu einer Tante im Brandenburgischen im Jahre 1949. Die Zufälligkeiten, die deutsche Lebensläufe bestimmten. Keine westliche Gefangenschaft, sondern sowjetische, kein westliches Umerziehungslager, sondern ein östliches. Warum sind Sie nicht Ihren Eltern und Geschwistern in die damals entstehende Bundesrepublik gefolgt?

Als die Schule zu Ende war – ich habe sie in einem Halbjahreslehrgang absolviert und war dann auch ein halbes Jahr als Assistent in dieser Schule tätig –, gab es auch Empfehlungen für das, was man nachfolgend tun sollte. Ich habe jetzt in meinen eigenen Akten gelesen und festgestellt... *Akten, die Sie vorher nicht sehen durften?* ...die ich vorher nicht sehen konnte... *Stasiakten?* Nein, Akten, die im Zentralkomitee der SED lagen... *Waren Überraschungen für Sie drin?* Nein, die einzige Überraschung ist, daß fast nichts drin war. Das ist die einzige. Und in dem russischen Text habe ich gelesen, es gab von der Antifa-Schule her die Empfehlung, daß ich als Jugendfunktionär tätig werden sollte, möglichst an der Jugendschule als Lehrer. Und mein Lehrer auf der Antifa-Schule hatte mir – man kann das, glaube ich, ruhig hier so offen sagen – zwei Hinweise gegeben. Der erste: Geh in einen Betrieb und arbeite, damit du das Leben kennenlernst. Und der zweite: Wenn du nach Hause kommst, sei vorsichtig mit den jungen Mädchen. Du kannst schnell vernascht werden. Ich habe den ersten befolgt und im Betrieb gearbeitet. Und heute denke ich manchmal, den zweiten zu lange...

Sie haben 1950 geheiratet.

So ist es.

Können Sie mir Ihre Nachkriegsideale benennen, ihre Nachkriegserwartungen beschreiben, Herr Modrow?

Sie müssen davon ausgehen: Als ich in die Gefangenschaft ging, wußte ich, daß ich beeinflußt worden war, in diesem Volkssturm, noch mit einer Überzeugung – sozusagen fünf Minuten nach zwölf – mit wirksam zu werden. Die Umstände, unter denen ich im Volkssturm die letzten Tage und Wochen des Krieges verbracht habe, sind vielleicht eigenartig. Aber dem Mann – ich kenne seinen Namen nicht mehr –, der damals für uns Verantwortung trug, muß ich bis heute dankbar sein. Denn in Wustrow auf Rügen gab er zunächst die Weisung, daß auch die letzte Waffe, die wir hatten, in den Gutsteich zu schmeißen war. Und erst dann ließ er uns sozusagen den Weg nach Hause antreten. Und wir wollten ihn auch zu Fuß von Rügen bis zu diesem Jasienica gehen. Nun, Sie haben gesagt, ich kam in sowjetische Gefangenschaft. Und es war eigentlich zeitig, als meine Ideale in eigenartiger Weise zusammenbrachen. Denn als wir von Stralsund den Weg bis Stargard gingen, da lief zunächst vor uns noch einer mit dem Ritterkreuz. Und wir – ein paar junge Burschen hinter ihm –, wir trugen die Marmeladen- und die Honigeimer. Die vor uns hatten noch irgendwo was requiriert, wie man damals sagte. Und wir hatten nichts... *Ich hab genau einen solchen Eimer auch getragen, ungefähr zur selben Zeit, aber im Westen...* Und wir hatten nichts. Und dort begriff ich, daß die einen sozusagen die Herren waren, die alle Kameradschaft, die man vorher prägte, mit einemmal vergessen ließen. Und in der sowjetischen Gefangenschaft habe ich Menschen getroffen, die einen anderen Einfluß auf meine Entwicklung genommen haben. Und Sie sagten selber, die Antifa-Schule war es dann, die mir auch Ideale für die Zukunft gegeben hat.

Als was galt Ihnen Stalin damals, als Sie 49 zurückkamen nach Deutschland?

Uns jungen Menschen damals galt er als jener, der das

Wort geprägt hat: »Die Hitler kommen und gehen, aber das deutsche Volk bleibt.« Das ist eigentlich der Spruch, den ich am tiefsten in dieser Zeit aufgenommen habe, weil ich davon ausging: Unser Volk, wir Deutschen, wir haben eine Zukunft, wir haben eine Chance. Ich habe dann natürlich durch das Studium zu Stalin und zu seinen Werken zunächst Empfindungen gehabt. Und wenn Sie so direkt fragen: Ich gehöre wahrscheinlich auch zu den wenigen Deutschen, die 1953 an der Bahre Stalins in Moskau vorbeigegangen sind, denn ich habe zu der Zeit in Moskau studiert. Das war für uns alle auch so etwas wie eine Erschütterung. Und ich habe dann, als der XX. Parteitag der KPdSU war, auf dieser geheimen Sitzung unserer Partei damals den Vortrag, das Referat von Nikita Sergejewitsch Chruschtschow gehört. Und für mich ergab sich dann ein Bogen und eine Schlußfolgerung: Man muß sich mit einem Ideal verbinden, man soll mit einer Partei verbunden sein, aber man kann sich n i e m a l s an Menschen binden. Es gibt keine Götter.

Sie haben zunächst noch, nach Rückkehr aus der Gefangenschaft, als Maschinenschlosser in einem Großbetrieb am Rande Berlins gearbeitet, wurden dann aber bald – wie man es Ihnen auch empfohlen hatte und wofür Sie Empfehlungen mitbekommen hatten – hauptberuflich Jugendfunktionär und dann Parteifunktionär. Eine zügige Parteikarriere hatte begonnen, immer unterbrochen durch Studium – teils in der Sowjetunion. Schließlich erlangten Sie 1966 den Doktorgrad in Ökonomie an der Humboldt-Universität. Im Jahr 73 wurden Sie Erster Sekretär der SED im Bezirk Dresden, was in der Regel die letzte Stufe war vor dem Aufrücken zu den höchsten Weihen – da wo die Götter wohnen, von denen Sie sagen, Sie haben irgendwann begriffen, daß es sie nicht gibt. Aber da gab es einen Knick in der Karriere. Darauf komme ich noch. Zunächst will ich allgemeine Fragen an den Parteifunktionär Modrow stellen. Es war immer zu erkennen – behaupte ich –, daß der weit überwiegende Teil der DDR-Bevölkerung in bekömmlicher Distanz zur herrschenden Lehre zu leben trachtete. Kein ausgesprochener Wider-

stand, schon gar keine Ablehnung der sozial-politischen Maßnahmen, auch keinesweg eine vollständige Verneinung des eigenen Staates. Aber für die Ideologie doch nur Lippenbekenntnisse. Haben Sie, Herr Modrow, von einer bestimmten Zeit an diese für Sie bittere Einsicht in den großen Abstand zwischen ritualisierten Massenkundgebungen und wahrer Meinung der Volksmehrheit besessen, und wie wurden Sie damit innerlich fertig? Oder blieben Sie blind dafür?

Nein, blind bin ich dafür nicht gewesen. Und Massenkundgebungen, Aufmärsche, die es gegeben hat in den letzten Jahren, waren für mich eine Situation, zu der ich persönlich keinen Zugang mehr gefunden habe. Das mag komisch klingen, denn ich habe sie ja selber als Jugendfunktionär erlebt. Und hatte auch Empfinden dafür, daß... *Haben Sie in Dresden die Vorbeimärsche auch abgenommen?* Ich habe am 1. Mai mit auf der Tribüne gestanden wie andere und habe mich nie so ganz wohl dabei gefühlt. Mancher hat es mir – so war mein Empfinden – mitunter auch angesehen. Ich war immer etwas linkisch in diesen Situationen. Und nach Berlin bin ich – wenn es irgendwie ging – nicht gefahren. Und ich bin auch in Berlin nicht bei der letzten Fackelzugdemonstration gewesen, einfach aus der Haltung, die ich dazu – und gute Freunde wissen das – seit geraumer Zeit hatte.

Bleibt die Frage: Wie sind Sie innerlich damit fertig geworden? Falls Sie es erkannt haben. Sie können ja sagen: Ich habe es seinerzeit nicht erkannt. Wenn Sie es erkannt haben, wie sind Sie innerlich damit fertig geworden, daß die ideologische Basis Ihrer politischen Arbeit für die Mehrheit im Land nichts wesentliches war? Um es s e h r freundlich auszudrücken. Es war später und zwischendurch auch schon nicht nur nichs wesentliches, sondern es war etwas, was man ablehnte. Wie sind Sie innerlich damit fertig geworden?

Ich muß ganz offen eingestehen, diese Phase hat natürlich bis in die 80er Jahre bei mir nicht eingesetzt... *Sie haben das nicht erkannt?* Ich habe erkannt, daß wir natürlich mit dem, was wir machen, nicht mehr erreichen, was wir wollen. Ich war aber noch der Überzeugung, daß wir selber etwas falsch machen, was sich ändert. War immer der Meinung – besonders schon in den 70er Jahren: Weltanschauung kann man nicht wie Mathematik vermitteln. Habe besonders, wenn es um die Jugend ging, solche Begriffe gesetzt: Es ist einfach, jemanden zu überzeugen, von einem Trabant in den Wartburg umzusteigen und damit zufrieden zu sein. Aber es ist ganz schwer, jemandem Ideale zu vermitteln. Daß das bei mir lange gedauert hat, hat auch etwas damit zu tun, wie ich selber zu meinen Idealen gekommen bin. Und daß ich geglaubt habe, daß die Jugend über bestimmte Wege doch wieder zu Idealen auch meiner Weltanschauung finden kann. Aber mit Perestroika habe ich begriffen, daß das, was wir unter Ideologie und ideologischer Arbeit verstehen, im Prinzip niemand mehr erreichen kann.

Aber, haben Sie die Hoffnung, daß mit Perestroika nicht die Ideologie, aber die Ideale neu begründet werden können?

Ja, die Hoffnung habe ich, und mit der Hoffnung lebe ich auch.

Die Hoffnung haben Sie nach wie vor?

Ja, denn sonst könnte ich kein Mitglied einer Partei des Demokratischen Sozialismus sein.

Was haben Sie sich gedacht bei dem Versuch der SED – wir haben den Punkt schon berührt –, für die DDR eine eigene nationale Identität zu begründen?

Da habe ich wirklich angenommen, daß insbesondere im kulturellen Bereich, im Leben der Menschen, in – bitteschön auch – dem Gefühl von Wärme und gegenseitiger Achtung doch so etwas liegt, worauf sich aufbauen läßt und was sich von der Ellenbogengesellschaft – so sehe ich die kapitalistische Gesellschaft oder – wie man heute sagt – die marktwirtschaftliche Gesellschaft auch nach wie vor – unterscheidet. Ich habe angenommen, daß sich aus dieser Sicht etwas aufbauen und gestalten läßt.

Können Sie mir erklären, warum es zu diesen – nach den An-
fangsdemonstrationen im vergangenen Herbst – von Dezember an
starken Nationaleinfärbungen der Demonstrationen in der DDR
gekommen ist? Was ist Ihre Erklärung dafür?

Ich möchte sagen, mit dem Ergebnis dieser Wahl fällt es eigentlich noch schwerer, das echt und in Tiefe zu begründen und auszuloten, weil wir eine recht unterschiedliche Situation innerhalb des Landes – vom Süden über den mittleren Teil zum Norden – haben. Das bleibt nach meiner Überzeugung ein Problem. Ich habe – es war Ende der 70er Jahre – die Frage aufgeworfen, daß es nötig ist, den Süden der DDR gründlicher in seiner Infrastruktur, in seiner Gesamtentwicklung zu analysieren, weil meine Erkenntnisse besagten, daß wir eigentlich in diesem Teil die größte Produktivkraft besitzen, aber daß ihre Entwicklung am stärksten vernachlässigt wird ...

Lag das an den Hauptstadtwünschen Honeckers und des Politbüros?

Das lag sowohl an den Hauptstadtwünschen, aber auch daran, daß man ununterbrochen nur in eingefahrenen Gleisen diese Planwirtschaft weiterrechnete und nicht aus einer Analyse heraus zu Änderungen kam. Was ich erkannte und worüber ich auch offen sprach – nehmen Sie z. B. im Süden die Situation der gesundheitlichen Betreuung, die Einkaufsmöglichkeiten –, betraf im Prinzip die gesamte Infrastruktur. Alles, was man unter Dienstleistungen versteht, ist dort wesentlich unterentwickelt. Und ich habe das Gefühl, daß die Menschen aus dieser Sicht noch eine andere Reaktion haben als jene im Norden, wo ich nun wieder aus meiner Kindheit weiß, wieviel sich eigentlich mit den letzten 40 Jahren wesentlich stärker als im Süden des Landes sozial und für die Menschen selber in ihrem Zusammenleben geändert hat.

Aber die nationalen Töne hat es am Ende, vor der Wahl des 18. März, auch in Mecklenburg gegeben ... Ja, man sagt, alles kommt im Norden etwas später ... *Aber diesmal hat es nicht 50 Jahre gedauert.* Das nicht, genauso ist es. Aber es schlug auch nach dem Norden durch... Und ich glaube, die »Junge Welt« hat heute eine Überschrift, der ich mich anschließen kann: »Die Noch-DDR hat sich für die D-Mark entschieden.« Und hier, glaube ich, liegt eine Reihe von Quellen, die den Weg vom Süden zum Norden auch stark beeinflußt haben.

Ein legitimer Wunsch der Menschen, besser zu leben als bisher. Aber, ist es nur ein Etikett, das sie diesem legitimen Wunsch, besser zu leben, aufkleben – das nationale Etikett? Oder gibt es – außer daß dies ein Etikett auch ist für die materiellen Wünsche –, gibt es offenbar ein ungebrochenes Nationalgefühl trotz aller sozialistischen Erziehung und trotz aller Europäisierung der Staaten in Europa? Ist im Grunde der Nationalismus mit allen Gefahren, die sich jetzt in Deutschland zeigen, noch nicht überwunden?

Er ist nicht überwunden. Ich könnte Ihnen das anhand eines Briefes beweisen, der mich aus der Bundesrepublik erreicht hat und den ich gestern abend gelesen habe. Darin werde ich sehr beschimpft, und jemand schickt mir eine Karte der polnischen Grenze aus dem 14. Jahrhundert. »Herr Modrow, d a s ist eigentlich die zu ziehende Grenze. Und ich glaube, solange... *Wo verläuft sie?*

Hinter dem ganzen Ostpreußen und Pommern und weit hinter der Neiße... Aber, worauf ich' zurückkommen möchte, ist: was im nationalen Gefühl liegt, das muß man respektieren. Denn wir sind eine Nation, und eine Nation soll auch ihre nationale Identität haben.

Was bedeutet Ihnen, ein Deutscher zu sein?

Es bedeutet für mich, ein Deutscher zu sein, dem bewußt ist, daß er zu einer Nation gehört, die nicht nur Irrwege beschritten hat, wie es einmal Alexander Abusch in einem Buch beschrieben hat. Sondern es ist auch eine Nation, die bedeutende Persönlichkeiten hervorgebracht und nicht nur zwei Weltkriege ausgelöst hat. Und Deutscher zu sein bedeutet für mich heute deshalb vor allem an jenes anzuknüpfen, was unserer Nation international Ehre und Anerkennung eingebracht hat, und dafür Sorge zu tragen, daß jenes nicht wieder geschieht, was in diesem Jahrhundert zweimal Weltkriege ausgelöst hat.

Wir haben vorhin schon davon gesprochen, ob Sie irgendwann einmal an einen Rückzug aus der Politik als Parteisekretär gedacht haben – nicht Rücktritt, R ü c k z u g –, um dann Botschafter in der Mongolei zu sein. Ich komme noch einmal darauf zurück. Haben Sie inzwischen, seit der Wende, gelegentlich bedauert, nicht radikale Konsequenzen aus Ihren Zweifeln gezogen zu haben?

Ja, das habe ich. Und zugleich weiß ich, daß es viele andere gibt, die heute auch so denken. Ich habe unlängst auch von mehreren ehemaligen Mitgliedern des Zentralkomitees Äußerungen gehört, die besagen: Warum haben wir uns nicht früher besonnen. Und sie bedauern nun, daß ich diese Amtszeit als Ministerpräsident hier habe verantworten und durchstehen müssen, daß man nicht früher offen miteinander gesprochen hat.

Erklären Sie's mir.

Ganz schlicht und einfach, weil man heute begreift, daß es früher notwendig gewesen wäre, in Offenheit über Dinge zu sprechen, die verklausuliert wurden.

Warum hat man's nicht getan? Es gab keinen Genickschuß mehr. Es war kein Lebensrisiko damit verbunden. Warum hat man die Offenheit nicht aufgebracht?

Es lag ganz offensichtlich natürlich auch daran, daß der eigene Mut nicht ausreichte. Und es lag auch daran, daß man andererseits glaubte: es kommt noch eine Zeit, wo ein solcher Mut gefragt sein wird, wenn mehrere, wenn eine ganze Gruppe dafür ist, in einen solchen Prozeß zu gehen. Und wenn man dann keine Möglichkeit mehr hat, daran mitzuwirken, dann war es halt umsonst. Das war auch immer ein Stückchen die Entschuldigung, mit der man dann – bitteschön, auch ich selber – gelebt hat.

Ihr Parteileben aufs Ganze gesehen. War Ihre Treue zur einmal begonnenen Sache für Ihr Leben bestimmender als die Überzeugung von der Sache selber?

Es gab Phasen, wo diese Dialektik auch manchmal in einem selber in Widerspruch gekommen ist. Aber generell bin ich immer davon ausgegangen: Das ist das Ideal deines Lebens, das ist die Hoffnung, mit der du lebst, und ihr wirst du verbunden bleiben.

Was unterscheidet Sie heute noch von einem linken Sozialdemokraten, Herr Modrow?

Ich glaube, so weit – wenn er wirklich links steht – leben wir nicht auseinander. Ich hoffe, daß wir deshalb Chancen und Gelegenheit haben, daß demokratische Sozialisten und Sozialdemokraten, die links stehen, einander finden – zum Guten: für eine demokratische Linke, die nicht nur in einem vereinigten Deutschland notwendig ist, sondern die, wie sich zeigt, auch für Europa künftig bedeutsam sein kann. Wenn ich verfolge, was in Italien vor sich geht, wenn ich sehe, was sich in Polen vollzieht, dann, glaube ich, ist das eine Frage, die für die Zukunft Bedeutsamkeit bekommen wird.

Hans Modrows Karriereknick in Dresden. Was hat Sie nach Ihrer eigenen Einschätzung vor allem in Mißkredit gebracht in Honeckers Politbüro?

Nun, wenn Sie so fragen, es hat keinen Sinn... Manchmal scheint es so, als sehe man seinen Weg als Leidensweg. Zwischen Honecker und mir lief eigentlich nach 1952 vieles nicht mehr. Aber das wären Details, über die muß man hier nicht im einzelnen sprechen.

Was lief w a r u m so früh schon nicht mehr?

So früh schon nicht mehr – bei der Aufteilung der damaligen Länder. Ich war ja zu dem Zeitpunkt der Landesvorsitzende der FDJ in Mecklenburg, da hatte ich ganz andere Personalvorstellungen über die Zusammensetzung der neuen Jugendsekretariate. Und sie stimmten mit Honeckers Vorstellungen nicht überein. Frühmorgens bekam ich einen Anruf, und drei Stunden später war er in Schwerin, klärte mit Karl Meves, dem damaligen Sekretär der SED, daß man das wohl so nicht halten könne. Die sowjetische Militäradministration hatte erst den Konzepten zugestimmt, die in meinem Kopf waren. Und von da an war ich offensichtlich für Erich Honecker immer für eine Fraktionsmacherei reif. Und heute kann man es ja sagen: 1976 – als dieser IX. Parteitag war –, sagte der sowjetische Botschafter Abrassimow ständig zu mir: Und Genosse Modrow, Sie werden im Politbüro sein. Und ich hab gesagt: Pjotr Andrejewitsch, je häufiger Sie das Genossen Honecker sagen, um so weniger wird es geschehen. Und es geschah auch nicht. Und in der Phase, wo ich als Leiter einer Abteilung im ZK arbeitete, gab es auch gewisse Dinge…

Sie waren ZK-Sekretär für Agitation?

Ich war der Leiter der Abteilung, der Sekretär war Lamberz. Lamberz war – ich weiß nicht – im Urlaub oder zur Kur oder im Ausland, ich mußte ihn in der Sitzung vertreten. Und Honecker hatte mir – Karl-Heinz Arnold schreibt das ja auch in den »Hundert Tagen« so ein wenig als Rückblick – eine Liste gegeben, wo draufstand, welche Produkte in der DDR wieviel kosten. Und was kostet in der Bundesrepublik wieviel. Darunter waren Kalbshaxe und Salami, und die strich ich. In der Sitzung wurde ich befragt, wer das veranlaßt habe. Ich habe gesagt: Das war ich, weil ich der Meinung bin, das gehört nicht in eine Liste, wenn man's nicht im Laden kaufen kann. Worauf ich als Antwort bekam: Du bist hier nicht bei Dubček. Und damit war klar, daß eine Zeit einsetzte, wo man am Hofe – wie mir Lotte Ulbricht dann später mal sagte – nicht gefragt war.

Ihr Urteil über Erich Honeckers Lebensleistung, Herr Modrow!

Ich möchte sagen, Erich Honecker ist für mich ein Menschenschicksal, wie es kaum tragischer sein kann. Ich habe Respekt vor dem Mann, der als Antifaschist gekämpft hat, der sein Leben eingesetzt hat. Ich habe ihn im Jugendverband kennengelernt. Damals, 1950, lernten wir uns direkt und unmittelbar kennen. Wir hatten Gespräche, in denen er mir mitteilte, daß ich nach Mecklenburg als Vorsitzender des Jugendverbandes gehen würde. Das war eine Phase, wo ich ihn achtete und wo ich auch Vertrauen zu Honecker hatte. Und ich habe dann erkannt, daß er bei all seinen Reden, dem Volke nahe zu sein, es eigentlich wenig war. Und die Tragik, mit der wir jetzt umzugehen haben, ist eigentlich, daß wir es mit einem Menschen zu tun haben, der, wenn er zu sich selber findet, eigentlich einsehen muß: Aus einem Mann, den ich in seiner Jugend als Revolutionär akzeptierte, ist in Wirklichkeit jemand geworden, der sich von all dem selber gelöst hat, was scheinbar noch sein Ideal ist.

Ein ausgebautes Überwachungssystem durch den Staatssicherheitsdienst. Dennoch kann man den Eindruck haben, muß man ihn vielleicht haben, daß die Leute an der Spitze in ihrer Mehrheit, die Leute im Politbüro, gar nicht wußten, wie die Stimmung im Land war. Haben sich Honecker und Mielke dieses Herrschaftswissen vorbehalten, oder hat es selbst Mielke nicht gewußt? Ist es auf der Etage darunter festgehalten worden, weil Majestät Sonne brauchte und man ihn also nicht betrüben wollte? War das Politbüro von einem bestimmten Zeitpunkt an – und wann war dieser Zeitpunkt – eine Art Bunker mit Bunkermentalität, die nicht mehr den Blick für die Realität erlaubte?

Ich glaube, dieser Prozeß setzte schon ab Mitte der 70er Jahre ein. Denn wenn ich heute die Unterlagen verfolge, die sichtbar machen, zu welchem Zeitpunkt welche Isoliertheit, welche Art des Lebens einsetzte, dann war es zu diesem Zeitpunkt. Für mich selber ist eine Diskussion mit Sindermann dafür besonders typisch. Wir flogen zurück von Tokyo – er als Präsident der Volkskammer, ich in seiner Begleitung als der Vorsitzende der Freundschaftsgruppe DDR–Japan im Parlament. Und es gab ein Gespräch über die Situation im Lande. Und ich sagte offen, daß sie nicht gut sei. Und das konkrete Thema waren die Brotversorgung und die Brotfabriken, die nun wirklich in ihren Ausrüstungen technisch am Ende waren. Und sein Ideal war die sogenannte Kaufhallenbäckerei, die ein paar frische Brötchen am frühen Morgen liefern sollte.

Und als es im Februar 1989 eine sehr scharfe kritische Auseinandersetzung mit mir und über meine Arbeit in Dresden gab, war es Sindermann, der sagte, ich sei ein Skeptizist. Und offensichtlich war das das Ergebnis einer Wahrheit, über die ich gesprochen hatte. Ich wurde zum Skeptizisten. Und was mich persönlich am tiefsten berührte: Ich weiß, Sindermann war in der Arbeiterbewegung in Dresden. Und er hatte viele Weggefährten, die dort noch heute leben. Und wie es so war, sie waren der Meinung: Dem Horst kann man es schon offen sagen. Und in dieser Sitzung des Politbüros war dann seine zweite Schlußfolgerung: Und dein Skeptizismus hat sich sogar auf die Alten übertragen, denn wenn man mit ihnen spricht, dann teilen sie einem nur solche Probleme mit.

Sie sind ganz offenbar kein Zyniker. Was hat Sie davon abgehalten, in diesem Leben, das Sie geführt haben, ein Zyniker zu werden?

Vielleicht auch Charaktereigenschaften, über die man eigentlich schwer sprechen kann oder mit denen man selber seine Probleme hat. Aber vor allem: Das Verhältnis zu Menschen war bei mir stets so, daß ich davon ausgegangen bin, wenn man zynisch wird, verliert man vor allem an sich selber etwas. Und das ist es, was ich eigentlich nie wollte. Ich wollte eigentlich mit Menschen so zusammenleben können, daß man sich gegenseitig achtet. Wenn ich andere achte, müssen sie sich so benehmen, daß ich auch selber in Achtung bleiben kann.

Erlauben Sie mir eine letzte Frage. Im Lauf des Lebens büßt man so manches Ideal ein. Wir haben davon gesprochen. Der Verlust welches Ideals schmerzt Sie am meisten?

Das ist eine ganz, ganz schwere Frage, weil vieles dazugehört. Aber am meisten bewegt mich – und ich hoffe, daß wir hier noch mal etwas zurückholen können –: daß Menschen, so wie ich, geglaubt haben, daß man etwas Gutes tun kann, daß man mit dem, was man bewirkt, v o r a l l e m M e n s c h e n etwas geben kann. Und ich will ganz offen sagen: Ich bin Atheist und habe in der letzten Zeit eines immer wieder tief empfunden, und ich habe auch offen mit Männern der Kirche darüber gesprochen: Die Kirche existiert seit 2000 Jahren, und sie hatte immer den guten Menschen zum Ziel. Und ich habe mein Leben und mein Ideal eigentlich auch darin gesehen, mit dazu beizutragen, daß Menschen mit Ehrlichkeit, mit all dem leben, was auch in den zehn Geboten der Kirche steht. Und wenn ich heute sehe, daß Menschen so schwer zur Versöhnung finden, daß es ihnen so schwerfällt, Menschen, die schuldig geworden sind, am Ende doch so etwas wie Gerechtigkeit zuteil werden zu lassen, dann ist es das, was mich gegenwärtig am meisten bewegt. Und dann ist es jenes, wofür ich mich auch mit den Männern der Kirche und mit allen, die in dieser Richtung Gutes tun wollen, weiter verbinden möchte.

Neuerscheinung '90

Günter Gaus
Über Deutschland und die Deutschen

Mit einem Vorwort von Manfred Stolpe
Etwa 560 Seiten · Leinen · Etwa 21,80 M

Der Sammelband, eingeleitet von Manfred Stolpe, enthält die großen Essays »Wo Deutschland liegt« (1983), »Die Welt der Westdeutschen« (1986), »Deutschland im Juni« (1988) sowie kürzere Artikel und Reden zur deutschen Befindlichkeit aus den Jahren 1983–1990. Die vielschichtigen Analysen und sensiblen Deutungen deutscher Wirklichkeiten sind Angebote an Suchende und Fragende, die schnellen Urteilen und eilfertigen Lösungsvorschlägen mit der Skepsis historischer Erfahrung begegnen. Günter Gaus' Bemerkung aus dem Jahre 1983: »In diesen Tagen werden viele Antworten gegeben. Das soll so sein. Aber es ist vor allem eine Zeit, in der wir lernen sollten, viel zu fragen«, ist aktueller denn je.

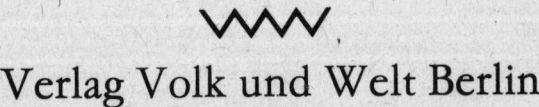

Verlag Volk und Welt Berlin

Neuerscheinung '90

Ralph Giordano
Wenn Hitler den Krieg gewonnen hätte

Die Pläne der Nazis nach dem Endsieg

Volk-und-Welt-Report
384 Seiten · Broschur · 12,80 M

Wenn Hitler den Krieg gewonnen hätte ... Zwar kennt die Geschichte keinen Konjunktiv, jedoch ist zu erinnern: In ihrem zeitweise riesigen Herrschaftsbereich erprobten die Nazis Pläne, wie sie mit der gesamten Menschheit umzugehen gedachten. Und so handelt das Buch nicht von bloßen Fiktionen.

Ralph Giordano, Jahrgang 1923, erläutert die oft bis in Detail ausgefeilten Vorhaben für die Zeit nach dem »Endsieg« und analysiert mit umfangreichem dokumentarischen Material, wie es geschah, daß aus den Trümmern der Naziherrschaft ein »gespaltener Endsieg« erwuchs – der »Triumph in der Niederlage«.

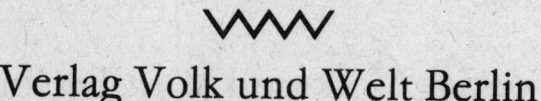

Verlag Volk und Welt Berlin

Neuerscheinung '90

Ralph Giordano
Die zweite Schuld oder
Von der Last Deutscher zu sein

Volk-und-Welt-Report
368 Seiten · Broschur · 12,80 M

»Die zweite Schuld oder Von der Last Deutscher zu sein«
fährt als Sachbuch dort fort, wo Giordanos international an-
erkannter, mittlerweile auch verfilmter Roman »Die Berti-
nis« endet. Der Autor stellt darin die Frage nach dem Umgang mit dem Erbe des Faschismus in der deutschen Nach-
kriegsgeschichte. Fatal die ernüchternde, weil auch offiziell
verschwiegene Antwort: Die Masse der Täter ist, bis auf
wenige Ausnahmen, davongekommen – das ist die zweite
Schuld der Deutschen, nachdem sie unter Hitler schuldig
geworden waren. Fatal aber ist auch, daß die Kinder und
Enkel die Last des nicht aufgearbeiteten Erbes weiter ver-
drängen ...

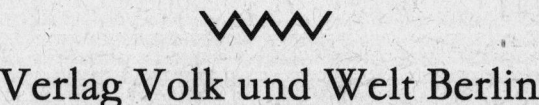

Verlag Volk und Welt Berlin